Christine Striebel

Mein Weg aus dem Trauma

Wie es mir mit Traumatherapie und EMDR gelang, die Folgen des sexuellen Missbrauchs in der Kindheit zu überwinden und ein erfülltes Leben zu führen

www.tredition.de

© 2019 Christine Striebel
Umschlag: Susanne Beinhold
Illustration: iStock und pixabay
Klappentext und Vita: Marén Wiedekind

Verlag und Druck: tredition GmbH, Halenreie 42,
22359 Hamburg

2. überarbeitete Auflage 2019 von „Die Heilung meines Traumas"©
2019 Christine Striebel

ISBN Softcover: 978-3-7482-7099-7
ISBN Hardcover: 978-3-7482-7100-0
ISBN E-Book: 978-3-7482-7101-7
ISBN Großschrift: 978-3-347-67867-5

Druck und Distribution im Auftrag des Autors:
tredition GmbH, Halenreie 40-44, 22359 Hamburg, Germany

www.tredition.de

Widmung

Dieses Buch widme ich Ihnen liebe Leserin und lieber Leser. Es möge Ihnen wertschätzendes Verstehen ermöglichen, Mutmacher sein und inspirierende Lebenshilfe bieten.

Von Herzen
Christine Striebel

Inhaltsverzeichnis

Vorwort

Jeder Tag, jede Stunde und jeder Augenblick unseres Lebens trägt seine eigene Realität in sich. Diese Wahrheit kann sich durch neue Erfahrungen sowohl von innen als auch von außen verändern. Dies geschieht häufig völlig unerwartet, von einem Moment zum anderen. Und aus Dunkelheit wird Licht!

Mein Leben hat mich gelehrt, dass auch in den schwersten Momenten der Keim für Neues liegt. Ja, sogar erst aus der Not heraus sind wunderbare neue Energien in mein Leben gekommen. Denn alles, was mir widerfahren ist, ergibt rückblickend einen Sinn. Es liegt einzig an mir, wie ich die Ereignisse wahrnehme und nutze. Diese Erkenntnis ermöglicht mir auch in schwierigen Situationen, mein Leben immer zuversichtlicher zu betrachten und auf die göttlichen Fügungen zu vertrauen. Bei Problemen und Ängsten suche ich deshalb immer auch die Kehrseite der Medaille. Dadurch kann ich aktiv die Themen meines Lebens angehen und auf dem Fluss des Lebens vorankommen. Wachstum wird möglich. Dieses Buch entstand, um Vergangenes abzuschließen und Ihnen liebe Leserin, lieber Leser zu zeigen, dass selbst schwere seelische Verletzungen und ihre Folgen heilen können.

Eine Tasse Kaffee, bitte!

„Guten Morgen, mein Schatz! Machst du mir bitte eine Tasse Kaffee?",
sagte ich und lächelte Timm liebevoll an. Er küsste mich sanft auf die
Stirn und strich behutsam über meine Haare. Dann verschwand er in
der Küche.

Ein außenstehender Betrachter hätte vermutet, dass es sich bei dieser
zärtlichen Begegnung um ein Morgenritual handelte, um die tägliche
Selbstverständlichkeit eines frisch verliebten Paares. Doch in Wirklichkeit war es für dieses Paar, Timm und mich, ein ungeahnter Neuanfang
nach sehr vielen schwierigen Ehejahren. Erst vor Monaten hatten wir
unsere Liebe neu entdeckt. Diese morgendliche Szene wurde zum Startsignal für mein neues Leben.

Ich war Anfang sechzig. Meinen Job als Lehrerin hatte ich wegen jahre-
langer Depressionen verloren. Als Hausfrau und Hobbyautorin hatte
ich mein Leben neu eingerichtet. Morgens saß ich als erstes an meinem
Schreibtisch und fixierte meine Morgenideen. Es waren Gedanken, die
zwischen Schlaf und Erwachen ihren Raum einnahmen. Sie waren die
Samenkörner für meine Geschichten und meine persönliche Weiterent-
wicklung.

Danach plante ich meinen Tag. Denn nachdem die Kinder aus dem
Haus waren und kein Berufsalltag mehr gemeistert werden musste, war

ich in einem nahezu terminfreien Raum gelandet. Der Tagesplan bot mir in der neuen Lebensphase Stütze und Orientierung.

Auch mein Mann Timm hatte sein Leben nach dem Berufsaus neu gestaltet. Er füllte sein Leben unter anderem mit Briefmarkensammeln und Radfahren.

Ich saß am Schreibtisch und hing meinen Gedanken nach. Kurze Zeit später brachte mir Timm eine heiße Tasse Kaffee. Ich gab ihm einen zärtlichen, wenn auch kurzen Kuss auf die Wange und nahm einige Zeit darauf die warme Kaffeetasse in die Hände. Vorsichtig nippte ich an dem goldbraunen, süßen Getränk. „Irgendetwas ist komisch", dachte ich. Irgendetwas fühlte sich an diesem Morgen anders an als sonst!

Was war eben geschehen? Hatte ich wirklich Timm um einen Kaffee gebeten und ihn serviert bekommen? Woher kam die Selbstverständlichkeit mit der ich diesen Wunsch geäußert hatte? Hatte ich je in den vielen, vergangenen Jahren unserer Ehe meinen Mann um eine Tasse Kaffee oder Tee gebeten? Nein! Und nun schien es die größte Selbstverständlichkeit der Welt zu sein, dass für mich Kaffee bereitet und mir gebracht wurde. Ein sonderbares Ereignis.

Doch als ich mich den alltäglichen Aufgaben im Haushalt zuwandte, vergaß ich die Tasse Kaffee. Die Frage nach der Ursache für dieses fremde Verhalten blieb fürs Erste unbeantwortet. Vielleicht gab es auch gar keine Antwort, weil meine Bitte nur einer zufälligen Laune entsprungen war.

Wie immer gönnte ich mir um die Mittagszeit eine Tasse Tee. Ich saß gemütlich am Küchentisch, nippte vom Tee und schaute dabei aus dem geöffneten Fenster in den Garten. Die Blätter der Bäume begannen sich bunt zu färben. Der Wind brachte das Laub zum Rascheln. Vögel zwitscherten. Ich atmete frische Luft. Dieses friedliche Idyll bot mir Erholung nach getaner Hausarbeit. „Wie schön die Natur ist", dachte ich, und entspannte.

Plötzlich spürte ich, wie kühl die Teetasse in meinen Händen geworden war. Hatte ich geträumt? Doch tatsächlich hatte ich meine ganze Aufmerksamkeit auf die obere rechte Ecke des Fensterrahmens gerichtet. Dort befand sich ein zartes Wesen, eine Spinne, die ihr Netz webte. Eine faszinierende Kunst, die mich zum Staunen brachte.

Ich schüttelte irritiert den Kopf. Was war denn jetzt schon wieder mit mir los? Weshalb rief ich nicht panisch nach Timm, damit er das Krabbeltier in den Garten entsorgte? Vorgestern hatte ich so reagiert, als mir im Flur eine kleine Spinne über den Weg gelaufen war. Und nun saß ich da und bewunderte ein solches Tierchen, wie es mit feinen Fäden von Speiche zu Speiche krabbelte und zartes Spinnengewebe befestigte, so dass das Netz von innen nach außen immer vollständiger wurde.

Irgendetwas Entscheidendes musste geschehen sein, dass ich mich so völlig anders benahm. Ob es etwas mit der tränenreichen EMDR[1]-Sitzung des gestrigen Tages zu tun hatte? Denn einige meiner bisherigen Lebensgewohnheiten schienen völlig außer Kraft gesetzt. Ich fühlte mich ausgezeichnet, wenn auch irritiert.

Wunderlichkeiten dieser Art gab es in den folgenden Tagen bis zur nächsten Therapiesitzung immer wieder. So suchte meine Zahnbürste plötzlich automatisch und völlig problemlos Ecken und Winkel des Mundes auf, die sie bisher gemieden hatte, weil sie einen Würgereiz ausgelöst hätte. Und auch das Eincremen nach dem Duschen fühlte sich alltäglich, ganz normal an. Mir wurde klar, dass ich meine Trauma-Therapeutin Frau Salim in der nächsten Sitzung unbedingt fragen musste, was mit mir geschehen war.

Tatsächlich war in meiner letzten Therapiesitzung Unglaubliches passiert. Mein Heilungsprozess nach dem Kindheitstrauma hatte seinen Abschluss gefunden. All meine bekannten Verletzungen durch das Trauma waren geheilt. Verschüttete und aus Angst verborgene Fähigkeiten hatte ich mir wieder zu Eigen machen können. Die gesundeten, kindlichen Befähigungen waren nutzbare Anteile der erwachsenen

---

[1] EMDR empfinde ich wie bewusstes Träumen. In der REM-Phase = Traumphase beim Schlafen, werden Eindrücke verarbeitet. Im EMDR werden die beiden Gehirnhälften wechselweise manuell stimuliert. Belastende Erinnerungen können verarbeitet werden.

Frau geworden. Das Trauma verlor seine Schwere. Es gehörte von nun an zu meiner Lebensgeschichte, wie eine verpatzte Klausur oder ein gut verheilter Armbruch. Die Schrecken des Traumas und seine Folgen sollten behoben sein, was sich mit der Zeit zeigen würde. Für mich war ein Wunder geschehen – ein Wunder, das ich nicht einmal in meinen kühnsten Träumen für möglich gehalten hätte. Das Portal zu meinem neuen Leben hatte sich geöffnet. Das Ende der Traumatherapie war gekommen. Ein Abschied mit einem lachenden und einem weinenden Auge.

Nach dieser Erkenntnis begann ich, Stück für Stück mein neu geschenktes Leben zu begreifen. Denn in den folgenden Wochen und Monaten wurde mein bisheriges Leben weiter vollkommen auf den Kopf gestellt. Zwar hatte es während der zwei Jahre dauernden Traumatherapie immer wieder erfreuliche, größere Durchbrüche in ein zufriedeneres Leben gegeben, doch was dieses sich „vollständig"- und „richtig"-Fühlen bewirkte, war wundervoll. Mein Herz füllte sich mehr und mehr mit Glück, Leichtigkeit und Dankbarkeit. Ich fühlte mich mit fast 62 Jahren wie neu geboren. Bei mancher Veränderung, der Freude an einem Kinobesuch beispielsweise, fragte ich mich, ob ich das wirklich gerade erlebte. Dann zwickte ich mich in den Arm und konnte dies spüren. Ich war tatsächlich wach und erlebte alles selbst.

Ich fühlte mich wie ein Vogel, der lange in einem Käfig eingesperrt gewesen war und nun wieder frei fliegen konnte. Denn ich ging wie selbstverständlich aus dem Haus. Ich entdeckte Lebensgenuss, indem ich anfangs zaghaft, dann immer freudiger Theater, Konzerte, Kino, Kabarett und Vorträge besuchte. Und wenn ich im Theater mal ein stilles Örtchen aufsuchen musste, dann empfand ich das als normal. Eine ganze Reihe Theaterbesucher stand wie selbstverständlich auf, um mir Platz zu machen.

Und dann fragte ich mich irgendwann: „Gibt es überhaupt ein allgemeines ‚Normal'?" Ich begann, dies zu bezweifeln. Denn das, was vor vier Jahren noch ‚glücklich sein' für mich bedeutet hatte, war mit der aktuellen Qualität meines Glücksgefühls nicht zu vergleichen. Es entwickelte sich ein ‚neues Normal' für mich.

Einmal in dieser neuen Lebensphase wurde ich von meiner jüngsten Schwester Susanne eingeladen. Ich fuhr mit dem Zug zu ihr. Der gesamte Reiseablauf sowie der Zug selbst kamen mir fremd vor. Da erinnerte ich mich, dass ich 30 Jahre lang in keinem Zug mehr gesessen hatte. Es war also verständlich, dass ich mich wie ein Alien neu orientieren musste. Doch statt wie früher ängstlich zu sein, sog ich das Neue durstig wie ein Schwamm in mich auf. Denn was immer da Neues geschah, das passierte tatsächlich **mir** und nicht im Leben einer anderen Person, einem Glückspilz, der sich den Luxus des Reisens leisten konnte.

Mein bisheriger Drang diverse Vorabendserien „sehen zu müssen", war verschwunden. Da ich nun selbst lebte, musste ich nicht mehr das Leben fiktiver Mitmenschen bis ins Detail miterleben. Nicht, dass ich nun keine Fernsehserien mehr angesehen hätte. Doch Ausflüge und andere

Aktivitäten waren mir wichtiger geworden, als die täglichen Soap-Folgen. Auch begann ich, reale Kontakte den Mailkontakten vorzuziehen. Denn wenn ich all die vielen versäumten Unternehmungen nachholen wollte, musste ich mich ordentlich sputen. Diese Erkenntnis machte mich auch immer wieder sehr traurig. So viele Jahre hatte ich vor mich hinvegetiert, ohne etwas außerhalb der Familie wirklich zu registrieren und in mein Leben einbeziehen zu können. Und nun wusste ich manchmal nicht, wie ich vor lauter Gier nach neuen Unternehmungen alles genießen und in mich aufnehmen sollte. Dem Schlafen räumte ich zu Beginn dieser neuen Lebensphase wenig Raum ein. Doch das pendelte sich nach einiger Zeit in einen für mich angenehmen Lebensrhythmus ein.

Manchmal allerdings beäugte ich mein neues Leben etwas unsicher. Denn was, wenn dieses neue Lebensgefühl nur ein kurzer Rausch war? Ein Kartenhaus, das bei einem kleinen Sturm umfallen würde? Was, wenn erneut ein Absturz in die Panik und Angst kommen würde? Wie würde ich dann reagieren?

Tatsächlich gab es von außen betrachtet solche Rückschläge. Doch ich empfand diese nicht so. Für mich waren es Momente, die mich an früher erinnerten und die ich nun souverän meistern konnte. Ich hatte Wahlmöglichkeiten. Und das ist heute immer noch so, obwohl die Traumatherapie bereits viele Jahre zurückliegt.

Natürlich hätte ich meine Heilung, mein freies Leben, den Zugang zu meinen Gefühlen und das Erleben meiner selbstbestimmten, echten

Partnerschaft einfach nur genießen können. Nach dem Motto: Egal, was passiert ist, Hauptsache, es geht mir gut. Doch dafür bin ich nicht der Typ. Als psychologisch interessierte Frau wollte ich verstehen, wie die Heilung meines Kindheitstraumas möglich geworden war. Auch mein Autorenhirn wollte mit Informationen gefüttert werden. Denn so eine spannende und gut endende Geschichte konnte ich doch nicht in der Schublade liegen lassen. Deshalb begab ich mich gedanklich auf die Reise in die Vergangenheit, um den Schlüssel meiner Heilung zu finden. Meine Therapietagebücher halfen mir dabei. Natürlich ist mir klar, dass meine Art der Heilung lediglich **ein Weg von vielen** ist und nicht der Heilungsweg schlechthin.

Ein erster Rückblick

Ich bin ein Kind der Nachkriegszeit und wuchs mit meinen zwei jüngeren Schwestern Carmen und Susanne auf. Unsere Eltern waren damit beschäftigt, ihr Leben nach dem 2. Weltkrieg neu zu ordnen. Sie hatten keine Zeit, ihre seelischen und körperlichen Kriegswunden zu beachten oder gar zu heilen. Wiederaufbau war angesagt. Seelische Verletzungen mussten verdrängt werden, um funktionieren zu können. Das ins Innere verschobene Grauen arbeitete im Verborgenen. Ein guter Nährboden für die Dramen in meiner Generation.

Nachdem ich als junge Frau – und besonders in meiner ersten Schwangerschaft – zunehmend das Gefühl hatte, dass mit mir etwas nicht stimmte, begab ich mich mit 30 Jahren in meine erste Psychotherapie.

In den ersten 10 Therapiejahren hangelte ich mich von Sitzung zu Sitzung, um mein Leben mit Mann, Kindern und Beruf irgendwie bewältigen zu können. Und dann tauchte in einer therapielosen Zeit der Herbstblues erneut auf, so dachte ich.

Das Glück war mir hold. Ich fand eine Therapeutin die mir zuhörte und beim Thema ‚Sexualität' nicht erschrak und wie die anderen Therapeuten das Thema wechselte. Es war eine ältere, mütterlich wirkende, verständnisvolle Frau, der ich ganz zu vertrauen lernte. Diese Begegnung ermöglichte mir, mich an mein verdrängtes Kindheitstrauma zu erinnern.

Anfangs bezweifelte ich meine Erinnerungen an die sexuelle Gewalt in Kindertagen, obwohl die Situation wie ein offenes Buch vor mir lag: Ich befand mich im Gräbele[2] bei meiner Großmutter und ihrem Freund. Ich spürte Hände auf meinem Körper, hatte Todesängste, fühlte Hilflosigkeit und starke Übelkeit. Die Bestätigung meiner Therapeutin und meine Gefühle gaben mir mehr und mehr die innere Sicherheit, dass ich mit den inneren Bildern aus meiner Seele richtig lag. Denn mit diesen auftauchenden Puzzleteilen ergab mein gesamtes bisheriges Leben einen Sinn. Alle Probleme und Nöte, die ich hatte, waren unter dem Blickwinkel eines erlebten Traumas nachvollziehbar und verständlich. Mit

---

[2] Gräbele = Bettritze im Ehebett

dieser Erkenntnis glaubte ich, in eine glückliche Zukunft gehen zu können. Nach dem Motto: Gefahr erkannt. Gefahr gebannt. Eine riesige Erleichterung breitete sich in mir aus.

Doch es sollte alles anders kommen als erwartet. Nach dem ersten Verstehen meines nun geöffneten Lebensbuches, rutschte ich tiefer und tiefer in eine Depression. Ich verfiel in Starre, Trauer, Hilflosigkeit und Verzweiflung, die nicht enden wollten. Mein Ritt durch die Hölle begann. Nur meinem Trotz und dem unbändigen Drang, der Welt in meinem Tagebuch zu beweisen, dass ich dieses Trauma bewältigt habe, verdanke ich mein Überleben. Allerdings bekam mein Beweistagebuch in den schlimmsten seelischen Tiefs keine Einträge. Dann konnte ich nur daran denken, wie ich aus dieser Hölle herauskommen konnte und wann endlich der Schmerz aufhören würde. Doch sobald ich mich etwas berappelte, ein kleiner Lichtstreif der Hoffnung am Himmel auftauchte, gewann die Sehnsucht auf Heilung erneut die Übermacht. Das Beweistagebuch wurde weitergeführt.

Eine sehr gute Freundin brachte mich zu den regelmäßigen Therapiesitzungen. Zu Hause erledigte ich alle Therapie-Hausaufgaben sehr gewissenhaft. Doch nie stellte sich eine stabile Besserung ein.

Parallel dazu verschlang ich Ratgeber. Manchmal war es nur ein Satz, den ich in einem Buch las, der in mir Hoffnung auf Gesundung aufkeimen ließ.

Doch für meine Heilung war die Zeit damals offensichtlich noch nicht reif. Das ständige Thematisieren des Traumas ohne grundlegende Änderungsansätze, grub mein Leid damals nur noch tiefer ein. Das weiß ich in der Zwischenzeit. Heute bin ich mir sicher, dass über den Verstand alleine keine seelischen Verletzungen geheilt werden können. So wünschte ich mir nach den ersten Erinnerungen oft, all diese Erkenntnisse wieder komplett vergessen zu können.

Nicht nur für mich, sondern auch für meine komplette Familie begann eine Horrorzeit. Es waren Jahre der Gefühlsschwankungen, Unsicherheiten, Ängste und unendlicher Hilflosigkeit. Gleichzeitig war es auch eine Zeit, die jedes Familienmitglied auf seine besondere Weise prägte und es reifen und wachsen ließ. Unsere Familie wuchs dadurch fester zusammen, wie ich finde. Diese Erkenntnis erfüllt mich auch heute noch mit größter Dankbarkeit.

Nach drei Jahren tiefer Depressionen verlor ich meinen Job als Lehrerin. Es war eine Entscheidung über meinen Kopf hinweg. Ich fühlte mich hilflos, schwach und als Versagerin. So rutschte ich wieder tiefer in die Depression.

Heute ist mir allerdings klar, dass der tägliche Kontakt mit Kindern zur damaligen Zeit unmöglich gewesen wäre. Denn in meiner Zeit als Lehrerin hatte ich ein besonderes Gespür für Kinder in Not. Oftmals lag ein familiäres Problem deutlich vor meinen Augen. Doch in den kleinen Orten, in denen ich unterrichtete, wollten die Schulleiter keinen Wirbel machen. Ich musste schweigen und so tun, als sei alles in Ordnung, meinen Unterricht durchziehen. Nachdem ich nun am eigenen Leib spürte, was Wegschauen anrichten konnte, hätte ich das Wegschauen und Schweigen bei Kindernöten nicht ertragen können.

Die Therapeutin, die mir geholfen hatte mein Trauma zu erkennen, sah es als ihr Unvermögen an, dass sie mich nicht arbeitsfähig machen konnte. Deshalb beendete sie von sich aus die Therapie. Ich fühlte mich im Stich gelassen, so wie als kleines Kind, als mir niemand aus der Not geholfen hatte. Wieder rutschte ich tiefer in die Depression. Leider war mir damals nicht bewusst, dass diese Trennung eine mutige und faire Entscheidung der Therapeutin gewesen war. Denn nur so fand ich eine Therapeutin, die mir in dieser Lebensphase besser weiterhelfen konnte. Nachdem die „Hebamme" die Erinnerung zur Welt gebracht hatte, durfte nun die „Kinderärztin" die Wegbegleitung übernehmen, was eine völlig andere Aufgabe ist. Ich lernte die ersten Ansätze der Arbeit mit dem inneren Kind und das NLP[3] kennen. Ein erster Schritt in die richtige Richtung, das Beste, das es damals für mich gab.

Irgendwann hatte ich trotzdem genug davon, mit Strategie-Pflastern und Reaktions-Salben für Einzelfälle versorgt zu werden. Dann gab es den Tipp eines Arztes: „Sie müssen die alten, verletzenden Erinnerungen beiseiteschieben und vergessen." Das Geheimnis, wie ich dies konkret umsetzen könnte, blieb mir verborgen. Außerdem denke ich, dass

---

[3] NLP = Neurolinguistisches Programmieren

es mir damit vermutlich auch nicht viel besser gegangen wäre, weil es unheimlich viel Kraft kostete, die heiße Lava der Erinnerung gedeckelt zu halten. Das hatte ich ja viele Jahrzehnte getan.

Unbewusst setzte dann trotzdem mein Überlebensmechanismus wieder ein, der automatisch das Trauma zu verdrängen begann. Die Seele schob die Erinnerungen in den Hintergrund und ermöglichte mir ein Überleben. Dies bedeutete erneute zunehmende Einschränkungen und den Drang, nach Hilfsmitteln - in Form von Tabletten - zu greifen. Doch es war das bestmögliche Leben, das mir damals zur Verfügung stand. Und irgendwann dachte ich sogar, ich wäre glücklich.

Ein glücklicher Zufall

Viele Jahre nach meiner letzten Therapiesitzung spielte mir der Zufall einen Zeitungsbericht über eine neue Trauma-Therapeutin in die Hände. In dem Artikel wurde eine Frau vorgestellt, die mit den Methoden der psychologischen Psychotherapeutin Michaela Huber arbeitete und die Eye-Movement Desensitization and Reprocessing-Methode[4] anwendete. Die Technik des EMDR empfand ich als ein Zaubermittel. Und auch sonst schien diese Frau Salim Techniken zu kennen, die die Chance auf Heilung boten.

---

[4] Übersetzt: Desensibilisierung und Verarbeitung durch Augenbewegung

Dieser Zeitungsbericht entfachte in mir eine winzige Flamme der Hoffnung und die Sehnsucht, gesund werden zu können. Ich beschloss, noch einen letzten Therapieversuch zu starten.

Um möglicherweise gesund zu werden, lohnte es sich, den Mut aufzubringen, das Haus zu verlassen. Tricks hierfür kannte ich ja. Mein Mann Timm bot mir an, mich zu chauffieren. Und in der Praxis gab es sicher für meinen verrückten Darm eine Patiententoilette.

Durch diesen Hoffnungsschimmer veränderte sich plötzlich die Wahrnehmung meiner aktuellen Lebenslage. Dabei spürte ich zunehmend die Sehnsucht aufkeimen, wieder einmal richtig gut schlafen zu können, alleine einkaufen zu gehen, einen Film auf einer großen Kinoleinwand zu betrachten, in einem Kabarett zu sitzen und entspannt dem Künstler zu lauschen, frei zu lachen und zu genießen, mit anderen bei einem Fest zu plaudern, einen berechenbareren, ruhigen Darm zu haben, mit Freunden Essen zu gehen, ohne Todesangst in den Urlaub zu fahren und wieder alleine Auto fahren zu können. Auch über den Verlust meiner Spannungskopfschmerzen würde ich nicht weinen. Und wenn es die Traumatherapie auch noch schaffen würde, dass die Warnung meiner Großmutter aus Kindertagen ihre Macht verlieren würde, dann könnte ich endlich angstfrei leben. Denn meine sexuellen Gewalterfahrungen waren durch eine massive Drohung verstärkt worden: „Wenn du jemandem von unserem Geheimnis erzählst, wird es heißen, du lügst oder du wirst für immer in die Psychiatrie eingesperrt."

Lange nach diesen Übergriffen schaute Oma immer wieder mit mir Fotos des anderen Familienzweigs an. Dabei betonte sie stets: „Das ist deine andere Oma. Du siehst ihr sehr ähnlich. Sie wurde nervenkrank." Der ursprünglichen Drohung wurde durch diese Hinweise immer wieder Nachdruck verliehen. Meine Angst, für immer in der Psychiatrie zu verschwinden, verstärkte sich und schränkte mein Leben weiter ein. Vermutlich aus diesem Grund richtete ich mein ganzes Verhalten danach aus, was sowohl die Klein- und Großfamilie, als auch mein weiteres Umfeld von mir erwarteten. Damit, die Wünsche und Gefühle der anderen zu erahnen, lag ich natürlich oft falsch, weil ja beispielsweise Unmut die unterschiedlichsten Ursachen haben kann. Und in die Köpfe der anderen hineinschauen konnte ich nicht. So wurde ich in meiner Wahrnehmung immer unsicherer, verlor mich selbst mehr und mehr und fürchtete nach jedem Schnitzer, für immer hinter Psychiatrietüren zu verschwinden. Für immer! Deshalb reduzierte ich meine Tätigkeiten weitgehend auf meine Pflichten und saß danach starr da, bis erneut an meinen Marionettenfäden gezogen wurde und ich konkret reagieren musste. Dabei verlernte ich das Agieren.

Dass diese Befürchtungen nicht mehr wirklich real waren, wusste ich natürlich, wenn ich meinen Kopf einschaltete. Denn schließlich war ich für niemanden gefährlich und alle Täter waren verstorben. Trotzdem blieben Angst und Panik. Sie raubten mir manchmal fast den Verstand.

Deshalb war es damals auch nie eine Option für mich, zu Therapiezwecken in eine Klinik zu gehen. Denn ich wollte dort nicht vergessen werden und für immer weggesperrt bleiben.

Als ich diese Aufzeichnungen in meinem Tagebuch las, war ich völlig schockiert. Mir war es vor der Traumatherapie immer noch richtig schlecht gegangen, ohne dass mir das bewusst gewesen war. Ich hatte damals offensichtlich nur funktioniert und den Schein der Normalität aufrechterhalten. Allerdings verstärkte sich meine Erkenntnis: Es gibt kein allgemein gültiges Normal. Normal ist für uns das, was wir kennen und in unserem Umfeld üblich ist.

Start in die Trauma-Therapie

Das Glück war mir hold. Bereits eine Woche nach meiner Entscheidung für die Trauma-Therapie bekam ich einen Termin bei Frau Salim. Das war wohl der Vorteil einer neuen Praxis, freute ich mich. Ich erwartete den Termin, getragen von kindlicher Sehnsucht auf Heilung. Gleichzeitig hatte ich fürchterliche Angst, dass mir die Trauma-Therapeutin auch nicht helfen konnte. Was, wenn auch dieser letzte Strohhalm zerbrach? Dann wüsste ich nur, wie schlecht es mir ging und ich müsste damit leben. Um meine Erfolgschancen möglichst hoch zu halten, hatte ich mir fest vorgenommen, Frau Salim mit größtmöglicher Offenheit und Ehrlichkeit zu begegnen. So hätte sie gute Ansatzpunkte für ihre Arbeit, wenn die Chemie zwischen uns stimmte. Die anstrengenden Jahre der Masken und des Spielens von Normalität sollten endlich vorbei sein.

Obwohl wir die Sitzungen aus eigener Tasche bezahlen mussten, stimmte auch mein Mann Timm dieser Therapie zu. Allerdings waren wir beide davon ausgegangen, dass Frau Salim an fünf bis zehn Terminen EMDR machen würde und dann wäre das Trauma geheilt.

Als ich in meinen Tagebuchaufzeichnungen las, dass ich eine Kurzzeittherapie erwartet hatte, musste ich schmunzeln. Wie ahnungslos und naiv ich doch an diese Therapie herangegangen war. Gott sei Dank hatte mir Frau Salim bereits in der ersten Sitzung diesen Zahn gezogen. Heute ist mir klar: Verantwortungsvolle Zusammenarbeit bedarf einer stabilen Basis. Ohne dieses feste Fundament, dem Vertrauensaufbau, der Kontaktaufnahme mit meiner eigenen Kreativität und dem erworbenen Sicherheitsgefühl zur Therapeutin hätte mein Unterbewusstsein niemals meine Heilung möglich gemacht. Denn ich war damals viel zu misstrauisch und voller Ängste, als dass ich mich gleich von Anfang an auf diese Übungen hätte einlassen können. Denn ich denke, um völlig offen für EMDR sein zu können, braucht es Vertrauen, Vertrauen und nochmals ganz viel Vertrauen. Dass Frau Salim auf dieser Vorarbeit bestand, bestätigt mich heute darin, dass ich wirklich in guten Händen war. Meine Trauma-Therapeutin war achtsam, verantwortungsbewusst, in sich ruhend, ehrlich, kongruent, stabil und fürsorglich. So wurden aus zehn Sitzungen zwei Jahre Therapie, für die ich noch heute dankbar bin.

Therapiemonat 1 – 4

Die Nacht vor meiner ersten Therapiesitzung verbrachte ich im Dämmerzustand. Immer wieder tauchten unterschiedliche Gedanken darüber auf, was am nächsten Tag wohl auf mich zukommen würde. Und wenn aus meinen Gedanken Panik wurde, dann musste ich rasend schnell auf die Toilette. Denn dann meldete sich mein Darm zu Wort, um sich explosionsartig zu entleeren. Das war damals normal für mich.

Der nächste Morgen kam. Frisch geduscht, mit Medikamenten gegen Durchfall, Angst und Kopfschmerzen gedopt, wurde ich von Timm zur Therapie gefahren. Selbst zu fahren war in meiner aktuellen Verfassung unmöglich. In meiner Handtasche hatte ich neben Schreibzeug und Notfalltabletten meinen Schmuseteddy unter einem Tuch versteckt. Er hatte mich bereits durch all meine Therapien begleitet und war meine Gefühlsschwankungen gewohnt. Er tröstete und wärmte mich, wenn mein Herz zu schwer wurde.

Zu meiner Sicherheit blieb Timm im Wartezimmer, falls ich die Therapie fluchtartig verlassen wollte. Ich spürte eine Anspannung, die ich kaum aushalten konnte. Dabei schwitzte ich so sehr, dass mein Deo den Kampf gegen den Duft der Angst verlor. Trotzdem begrüßte mich Frau Salim freundlich und geleitete mich in ihr helles Beratungszimmer. Dort bot sie mir einen bequemen, schwarzen Ledersessel an. Sie selbst setzte sich in den gegenüberstehenden Sessel. Das Gespräch wurde für mich durch Frau Salims Worte und ihre angenehme Stimme immer entspannter. Meine zu Hause zurechtgelegten Worte waren vergessen, wichen der Wahrheit des Augenblicks.

Am Ende der ersten Sitzung stand das Therapieziel fest. Ich wollte die Gespenster meiner Vergangenheit endlich loswerden. Nach diesen ersten neunzig Therapie-Minuten verließ ich ruhig und zuversichtlich die Praxis.

Da mein Gefühl zur Therapie auch an den folgenden Tagen gut blieb, beschloss ich: „Ich lasse mich auf diese Traumatherapie ein." Heute ist klar, dass dies eine der besten Entscheidungen in meinem Leben war. Denn ich bekam mehr Lebensqualität geschenkt, als ich mir mit allem Geld der Welt hätte kaufen können. Und das auch schon während der Therapie.

Die Unterschrift unter die Therapievereinbarung war meine erste Hürde, die ich nehmen musste. Denn die 48-Stunden-Klausel machte mir große Probleme. Im Augenblick konnte ich nicht einmal am Vormittag sagen, ob ich es am Nachmittag schaffen würde, aus dem Haus zu gehen. Und in der Absprache sollte ich gleich zwei Tage im Voraus wissen, ob ich krank werden würde. Wenn ich plötzlich richtig krank würde, müsste ich dann die Therapiestunde trotzdem bezahlen? Frau Salim entschärfte diese Formulierung, weil sie davon ausging, dass sie merken würde, wenn ich wirklich nicht kommen konnte. Dann würde sie die Klausel außer Kraft setzen. Denn ich sollte ja nicht erneut unter Druck gesetzt werden, sondern gesunden.

Die 48-Stunden-Klausel soll verhindern, dass sich Klienten vor unangenehmen Themen drücken. Dies kann bewusst oder unbewusst geschehen. Wir vermeiden dann die Konfrontation durch die unterschiedlichsten Verhaltensweisen und Krankheiten.

Ich unterschrieb.

Wie ich später beim Durchblättern meines Therapietagebuches entdeckte, begann zu diesem Zeitpunkt das Thema ‚Krankheit – Gesundheit' meine besondere Aufmerksamkeit zu erwecken. Durch die Medien bekam ich beispielsweise mit, dass auch Sportler, Politiker und Künstler ihre Termine wegen Krankheit absagen mussten. Es erstaunte mich sehr, dass sie wegen dieser Schwäche nicht getadelt wurden. Nein, den Patienten wurden sogar Genesungswünsche übermittelt. Dieses Verhalten schien zumindest zu diesem Zeitpunkt die öffentliche Norm zu sein. Das irritierte mich.

Meine bisherige Wahrnehmung von Krankheit - besonders bei mir selbst - empfand ich als Makel, Schwäche und als ein Zeichen von Lebensunfähigkeit. Deshalb hatte ich mich als Schülerin und Lehrerin stets so lange zur Schule geschleppt, bis ich völlig erschöpft zusammenbrach. Erst dann war ich bereit zuzugeben, dass ich krank war. Zu sehr schämte ich mich für mein Versagen. Was war in der Vergangenheit anders als heute? Wurde ich für schwächlich gehalten, weil meine Mutter und ich mich so sahen? Oder interpretierte ich das Mitgefühl der anderen als Tadel, weil ich Tadel erwartete? - Ich weiß es nicht. Jedenfalls begann sich mein Blickwinkel zu verändern. Was für eine Erleichterung für mich!

Die Angst vor der 48-Stunden-Klausel war größer, als es in Wirklichkeit nötig werden sollte. Denn lediglich einmal zu Beginn meiner Traumatherapie war ich unsicher, ob ich vorsichtshalber einen Therapietermin absagen sollte. Ich ließ es darauf ankommen und schaffte es tatsächlich, den Termin trotz starker Halsschmerzen wahrzunehmen. Auch in meinem Privatleben begann ich entspannter mit notwendigen Terminen umzugehen.

Testphase

Ohne, dass es mir bewusst gewesen wäre, testete ich Frau Salim immer wieder darauf, ob ich ihr vertrauen konnte und wie sie auf meine Berichte reagierte. Nicht dass ich Geschichten erfunden hätte. Nein, ich berichtete, was ich dachte und erlebte und schaute auf die Reaktion der Therapeutin. Denn ich wollte wissen, ob ich wirklich so sein konnte wie ich war, oder ob ich für irgendetwas schief angesehen oder gar gerügt würde.

So berichtete ich in der Anfangszeit meiner Therapie von einem Tagtraum: „Als ich heute früh noch im Bett lag, träumte ich vor mich hin. Da sah ich plötzlich mein inneres Kind, das sich in einem weißen Kokon in Sicherheit brachte." Bang schaute ich Frau Salim an und dachte: „Hoffentlich erklärt sie mich nun nicht für verrückt, so dass ich in die Psychiatrie eingesperrt werde." Doch das Gegenteil war der Fall, was mich sehr überraschte. Frau Salim fand, es sei ein cleverer Schachzug meines inneren Kindes, sich zu schützen. „Phantasie scheint eine Ihrer Ressourcen zu sein", meinte sie. Mir fiel ein riesiger Stein vom Herzen.

Zu Hause beschäftigte mich die Aussage von Frau Salim weiter: „Phantasie scheint eine Ihrer Ressourcen zu sein." Für mich war Phantasie verboten. Denn diese Eigenschaft war bei mir mit Sätzen verbunden wie: „Träume nicht schon wieder, konzentriere dich lieber auf das Wesentliche!" Oder: „Erzähle doch keine Märchen. Du bist doch kein Spinner!" Verstärkt wurde dieses Verbot natürlich durch die Drohung meiner Großmutter in Kindertagen: „Wenn du jemandem von unserem Geheimnis erzählst, wird es heißen, du lügst oder du wirst für immer in die Psychiatrie eingesperrt." Phantasie war also eine gefährliche Angelegenheit. Sie war nichts Reales, Wahres. Phantasie konnte Anlass für ein ewiges Wegsperren in die Psychiatrie bedeuten. Heute erschreckt es mich, wie sehr diese Panik mein Leben bestimmt hatte.

Irgendwann beschlich mich die Befürchtung: „Was, wenn das ein Trick der Therapeutin war, meine Phantasie herauszulocken, um mich dann in die Klapse sperren zu können?" Erst als Frau Salim mir glaubhaft versicherte, dass meine Phantasie ein Goldschatz für die Heilung meines Traumas sei und eine Heilpraktikerin für Psychotherapie wie sie, mich deshalb nicht in die Psychiatrie einweisen könne, war meine

Angst für den Moment vertrieben.[5] Zu Hause spürte ich eine bleierne Müdigkeit. Eine Nacht mit 15 Stunden Schlaf folgte.

Unbewusst unterzog ich meine Therapeutin in einer anderen Therapiesitzung einem erneuten Test. Ich zeigte ihr meinen rosa Schmuseteddy, der mich immer begleitete. Auch diesen Test bestand Frau Salim mit Bravour. Sie meinte sogar, dass ich den Teddy ruhig mit ins Bett nehmen solle, wenn mir danach sei.

Den Bären mit ins Bett zu nehmen, soweit war ich noch nicht gegangen. Doch abends schlüpfte ich mit meinem Kuschelteddy im Arm ins Bett. Ein wohlig warmes Gefühl breitete sich in mir aus. Von da an blieb Teddy auch nachts mein steter Wegbegleiter und Seelentröster.

Anamnesebögen

In den folgenden Wochen füllte ich die erhaltenen Fragebögen zu meiner Lebensgeschichte aus. Nur gut, dass mir Frau Salim gesagt hatte, dass ich das langsam machen sollte. Denn dieses Zusammentragen von Vergangenem war sehr anstrengend und aufwühlend für mich. Manchmal wurde es mir beim Nachdenken und Erinnern übel oder ich bekam Hals- oder Kopfschmerzen. Dies war der Zeitpunkt, an dem ich fürchtete die nächste Therapiesitzung nicht wahrnehmen zu können. Ich fragte mich: „Absagen oder abwarten? Will ich mich vor dem Termin

---

[5] Bei Selbst- oder Fremdgefährdung ist eine Heilpraktikerin für Psychotherapie allerdings verpflichtet, den Amtsarzt einzuschalten und eine Unterbringung zu veranlassen.

drücken?" Ich nahm mir vor, den Termin wahrzunehmen und mir davor eine „Ausfüllpause" zu gönnen. Trotz starker Halsschmerzen fuhr mich Timm zur Therapie. Die Sitzung war mir zu wichtig, als dass ich sie hätte ausfallen lassen wollen. Dies hatte den Vorteil, dass ich erleben durfte, wie besonders achtsam Frau Salim an diesem Tag mit mir umging. Sie berücksichtigte meine Stimmprobleme. Eine gute Erfahrung für mich.

Das Gedankenkarussell beenden

Durch die Fragebögen ausgelöst, so vermute ich heute, begann es in meinem Gehirn zu rumoren. Meine Sorgen und Nöte konnten mein Gehirn richtig belagern. Kein anderer Gedanke fand dann mehr Platz darin, abendliches Einschlafen unmöglich. Und je mehr ich meine schlimmen Erinnerungen wegzudrücken versuchte, umso mehr breiteten sie sich aus und ratterten gebetsmühlenartig durch meinen Kopf. Ich wollte endlich mit dem Denken aufhören und schlafen. So experimentierte ich mit mir bekannten Techniken. Doch nichts griff, bis ich irgendwann gegen Morgen dann doch einschlief.

Meine Tricks waren:

Plagten mich abends im Bett Karussellgedanken, dann machte ich Licht und notierte alles, was mir spontan wichtig war. So war ich sicher, am nächsten Morgen an diesem Thema weiterarbeiten zu können.

Hatte ich Fragen, deren Antworten ich suchte, gab ich diese Fragen an mein Unterbewusstsein ab und bat es, mir am nächsten Tag Lösungsideen zu schicken. Auch das funktionierte bei nüchternen Themen gut. Nur tieferliegende, emotionale Fragen ließen sich nicht so einfach ablegen oder beiseiteschieben. Eine Lösung hierfür durfte ich durch Frau Salim kennenlernen. Sie nannte es die Tresorübung. Meine Aufgabe bestand darin, mir einen Tresor vorzustellen, in den ich meine wiederkehrenden, belastenden Gedanken ganz sicher einschließen konnte. Dann sollte ich mit mir einen Termin vereinbaren, wann ich das Problem hervorholen und besprechen wollte.

Ich schaffte es nicht, mir ein solches Behältnis vorzustellen. Deshalb wählte ich gedanklich einen Tresor aus einem Film und versah diesen mit mehreren Schlössern. Doch immer wieder schlüpften aus diesem blöden Ding belastende Gedanke nach außen und in meinen Kopf. Das konnte also für mich nicht die richtige Lösung sein. Denn auch andere Sicherungen wie Sekundenkleber schafften es nicht, meine schlimmsten Erinnerungen in diesem Tresor gefangen zu halten.

An nahezu absoluten Gehorsam gewöhnt, wie ich damals war, versuchte ich krampfhaft, ein besseres Tresorbild zu bekommen. Doch es gelang mir nicht. Ich wurde unruhig. Wie gut, dass Frau Salim meine Unsicherheit bemerkte und ohne Kritik an meiner scheinbaren Unfähigkeit nachfragte, ob ich etwas anderes als den Tresor nutzen wolle. Ich berichtete, wie ich bei alltäglichen Belastungen real das Wegduschen meiner Sorgen nutzte. Nur mit alten traumatischen Themen hielte ich mich damit zurück. Denn ich hatte einmal gelesen, dass belastende Themen nur weggeschlossen werden dürften, weil sie dadurch weiter greifbar blieben. Verbrennen, Wegspülen oder anders Vernichten sei verboten, weil die Informationen und Gefühle sonst für immer verschwunden wären.

Hier war mein aktueller Kenntnisstand offensichtlich überholt. Das erklärte mir Frau Salim. So durfte ich künftig die vertraute Wegspül-Übung real oder auch gedanklich durchführen, um meinen Kopf wieder frei zu bekommen.

Die Erlaubnis, die Dusche als Tresor verwenden zu dürfen, machte mich beschwingt. Denn diese Übung beherrschte ich bereits sehr gut. Wie gut, dass Frau Salim so flexibel in der Auslegung der Übung war. Ein Gefühl des Angenommen seins breitete sich damals in mir aus.

Diese Übung liebe ich auch heute noch. Sie läuft inzwischen ganz automatisch ab. Denn Sorgen und Nöte des Alltags gehören ja trotz der Heilung meines Traumas noch zu meinem Leben. Und da ich heute meine Phantasie auch als Schatz betrachte, liege ich beim Einschlafen manchmal da und dusche in Gedanken den Stress und die Sorgen des Tages weg.

Notfallkoffer für Panikstopp

Den Beginn einer jeden Therapiesitzung nutzte ich, um aktuelle Sorgen und Konflikte anzusprechen. Manches Problem relativierte sich im Gespräch mit Frau Salim. Andere Themen boten mir die Chance, Übungen kennenzulernen und am konkreten Beispiel anzuwenden.

Einmal berichtete ich von meinen Panikattacken. Sie traten in der Zwischenzeit nur noch dann auf, wenn ich mich eingeengt, eingesperrt und ausgeliefert fühlte oder viele Menschen um mich herum waren. Dann wurde mir schwindelig und ich fürchtete, in Ohnmacht zu fallen. Mir wurde heiß, mein Herz begann zu rasen und mein Darm bereitete eine explosionsartige, wässrige Entleerung vor. Dann konnte ich nur noch auf die nächste Toilette flüchten, was mir nicht immer rechtzeitig gelang. Eine für mich extrem peinliche Situation, auch wenn nur ich dieses Unglück bemerkte. Denn meine Vorkehrungen und meine lange, weite Kleidung verbargen die Misere. Trotzdem veranlasste mich ein solcher Vorfall dazu, noch seltener das Haus zu verlassen.

In einer früheren Therapie hatte ich für diese Problemfälle Strategiepunkte erarbeitet. Davon berichtete ich Frau Salim.

1. Wenn ich das Haus verlasse, dann kaue ich einen Kaugummi. So lange ich kaue, bin ich nicht ohnmächtig. Ich gehe und stehe. Ich lebe.

2. Ich packe mir einen Zettel in die Manteltasche mit meiner Adresse und einer Telefonnummer, wer angerufen werden soll, wenn ich bewusstlos bin.

3. Im Supermarkt erlaube ich mir, bei Bedarf den vollen Einkaufswagen einfach stehen zu lassen und aus dem Geschäft zu gehen.

4. Ich gehe bewusst langsam durch den Supermarkt.

Dieses Vorgehen hatte damals meine Panik beim Einkaufen zwar nicht beendet, doch ich fühlte mich in diesen Situationen nicht mehr ganz so hilflos, konnte eher agieren. Doch schon für einen Kinobesuch genügte diese Strategie nicht mehr. Bei einer Panikattacke aus der Mitte einer Sitzreihe aufzustehen und hinaus zu gehen, überstieg nämlich mein Vorstellungsvermögen. Also plante ich bei unumgänglichen Veranstaltungen, auf einem Randplatz in der Nähe der Toilette zu sitzen. Doch dann entwickelte sich zusätzlich die Angst davor, keinen Randplatz zu bekommen. Ich erfand tausend Ausreden, um zu Hause bleiben zu können. Mein Lebensraum wurde zunehmend kleiner.

Als Erweiterung für mein bisheriges Vorgehen, bot mir Frau Salim den Einsatz eines Notfallkoffers an. In ihm sollte ich Gegenstände sammeln, die die Panik auflösen und mich ins Hier und Jetzt bringen würden. Das Riechfläschchen, das früher die Damen der besseren Gesellschaft aus ihrer Ohnmacht holte, fand hier neue Verwendung. Auch ungewöhnliche geschmackliche Reize durch Ekelbonbons oder Zitronensaft gehörten in den Koffer. Für Körperreize legte ich einen Igel-Ball bereit, den ich kurz zwischen den Händen rollen konnte. Auch ein Erinnerungskärtchen mit einem Cool-Pad fürs Handgelenk war im Angebot.

Die Zusammenstellung meiner persönlichen Notfallmittel bereitete mir viel Freude. Gleichzeitig fühlte ich, wie sich dabei plötzlich Verunsicherung und Schuldgefühle bei mir einstellten. Sollte ich in der Traumatherapie nicht hart arbeiten, um gesund zu werden? Und was tat ich? – Ich bastelte, spielte und löste Rätsel. Ich hatte Spaß!

Wieder einmal war Frau Salim gefordert, meine Ängste zu zerstreuen. Ihre Erklärung verstand ich so: In Panik wollen wir entweder wegrennen oder kämpfen. Wenn dies nicht möglich ist können wir erstarren. Logisches Denken und Handeln ist dann unmöglich, weil unser Hirn auf Notfallversorgung schaltet. Hierfür benötigen wir nur die rechte Hirnhälfte, die instinktives Handeln möglich macht. Für die Kommunikation mit der linken Hirnhälfte und logische Überlegungen bleibt keine Zeit. Die Verbindung der beiden Hirnhälften wird unterbrochen.

Der Inhalt des Notfallkoffers hilft dabei die Verbindung der beiden Hirnhälften wieder herzustellen. So kann ich in einer solchen Notsituation wieder bewusst überlegen und handeln. Dadurch komme ich zurück ins Hier und Jetzt.

Darüber sinnierte ich. Wenn ich dieses Hilfsmittel rechtzeitig einsetzte, bevor ich flüchten wollte, dann war vielleicht meine Flucht auf die Toilette irgendwann nicht mehr erforderlich. Und plötzlich wurde aus dem Gedankenspiel die Gewissheit, dass ich die Kenntnis über meine Hirnfunktion nutzte. Und wenn Sinnvolles Spaß machte, dann durfte ich es guten Gewissens tun.

Ich begann den Inhalt meines Notfallkoffers zu nutzen. Wenn ich eine beängstigende Situation erwartete, setzte ich mich an unseren Esstisch, trank eine Tasse Tee und löste schwere Sudokus, die meiner ganzen Aufmerksamkeit bedurften. Manchmal las ich dann auch in einem Buch, das ich total spannend und faszinierend fand und mein Mitdenken erforderte.

Unterwegs kaute ich meinen Kaugummi und schützte meinen Hals mit einem Tuch. Zusätzlich schaute ich bewusst Haustüren und Fensterdekorationen an.

War ich mit meinem Mann als Beifahrerin unterwegs, schaute ich nach Ortsschildern oder anderen Textquellen. In meinem Kopf machte ich mir ein Bild von dem Wort und buchstabierte es rückwärts. Natürlich übte ich zu Anfang kurze Worte. Doch mit der Zeit wurde ich darin richtig gut.

Noch heute habe ich meinen mit schönem Rosenpapier beklebten Notfall-Schuhkarton. Er enthält: einen Igel-Ball, einige Tüten Brausepulver, eine Parfumduftprobe, Visitenkarten mit Notfallrufnummern, Fotos von schönen Momenten aus meinem Leben und ein Heftchen mit schweren Sudokus mit Bleistift und Radiergummi. Allerdings vereinsamt dieses Hilfsmittel in der Zwischenzeit.

Wahlmöglichkeiten entdecken

An der Art, wie ich mein Tagebuch weiterschrieb, erkannte ich, dass ich Frau Salim zunehmend mehr vertraute. Ich bekam das Gefühl, dass ich in diesen Therapiesitzungen wirklich so sein konnte, wie ich war. Die klare, souveräne, empathische und achtsame Umgangsweise meiner Therapeutin mit mir, ließ mich in ihrer Nähe Sicherheit und Geborgenheit fühlen. Ich erkannte: Die Therapeutin wusste, wovon sie sprach! Sie schaffte es immer wieder, mich in meiner Wahrnehmung der Dinge zu bestätigen. Gleichzeitig eröffnete sie mir auch die Möglichkeit, Situationen unter einem anderen Blickwinkel als bisher zu sehen.

Drei Möglichkeiten boten sich hierfür an.

1. Wenn ich an einer Supermarktkasse warten muss, kann ich mich darüber ärgern oder die Zeit zum Durchatmen nutzen. (Die Kehrseiten einer Münze betrachten.)

2. Ich kann mir überlegen, was ich meiner besten Freundin in dieser Situation empfehlen würde.

3. Wie werde ich in 20 Jahren über dieses Problem denken?

Ich bin mir heute sicher, dass ich mich durch die Flexibilität von Frau Salim immer mehr öffnen und dann führen lassen konnte. Dabei konnte ich mich immer mehr auf die hilfreichen Imaginationsübungen einlassen. Wie gut, dass Frau Salim mich da immer wieder neu forderte.

Durch einen Zufall erfuhr ich in dieser Zeit, dass meine beiden Schwestern, Susanne und Carmen, einen gemeinsamen Urlaub planten. Ich hasste diese Geheimnistuerei, weil ich mich dann immer so ausgeschlossen fühlte. Das war schon lange so. Es begann, nachdem ich geheiratet hatte und von unserer Heimatstadt weggezogen war. Meine jüngeren Schwestern lebten da noch bei unseren Eltern und später nur wenige Straßen voneinander entfernt. Spontane Treffen zwischen den beiden waren möglich, während ich erst Stunden fahren musste, um sie treffen zu können.

Da unsere Mutter mich für ein besonders empfindsames Wesen hielt, wollte sie ihre Älteste schonen und beschützen. Deshalb verheimlichte sie mir die gemeinsamen Aktivitäten meiner Schwestern. Besser sei es für mich, die Dinge einfach nicht zu erfahren, so ihre Meinung. Deshalb versteckte Mutter auch Urlaubsgrüße und Fotos meiner Schwestern. Oft entdeckte ich diese Urlaubskarten dann zufällig.

Auch wenn ich die gute Absicht meiner Mutter verstehen konnte, löste ihr Verhalten immer mehr das Gefühl in mir aus, ausgeschlossen zu sein. Verstärkt wurde dieses unangenehme Gefühl dadurch, dass meine Schwestern bei Familientreffen meist auch noch nahezu identisch schwarz gekleidet waren. Dann fühlte ich mich ganz besonders allein, ausgeschlossen und hilflos in dieser Situation gefangen.

Die Entdeckung eines aktuellen „Geheimtreffens" meiner Schwestern ließ mich abstürzen. Ich hatte versucht, meinen Notfallkoffer einzusetzen. Doch der Inhalt milderte lediglich die Panik. Trotzdem fühlte ich mich tief verletzt, abgelehnt, ausgeschlossen und traurig. Was war an mir falsch, dass man mir immer wieder etwas verheimlichte? Wie konnte ich meinen Schwestern klarmachen, dass ich nicht mehr hintergangen werden wollte? Ich wusste keinen Rat. Und je mehr ich meine Verzweiflung beiseiteschob, umso mehr Raum nahm sie ein.

Heute weiß ich, dass Gefühle weder gut noch schlecht sind. Sie sind eine Art Barometer, ein Hinweis über mein Befinden, sonst nichts. Je mehr ich diese sogenannten negativen Emotionen unterdrücken will, umso spontaner, unkontrollierter und heftiger werden sie auftreten. Es ist so wie mit einem mit Luft gefülltem Wasserball, der sich nur mit viel Kraft unter Wasser drücken lässt. Und je mehr wir den Ball nach unten drücken, umso stärker drängt er an die Oberfläche.

Ich wollte deshalb von Frau Salim erfahren, wie ich mit dieser Situation und meinen Gefühlen besser umgehen konnte. Hieraus entwickelten sich in der Therapie zwei Übungen. Zum einen die Achtsamkeitsübung und zum anderen die Teambefragung.

Bei der Achtsamkeitsübung bestand meine Aufgabe darin, mehrmals am Tag innezuhalten, um zu entdecken, wie und was ich gerade fühlte. Dadurch war ich bewusster im Hier und Jetzt. Dann ging ich gedanklich nach innen und entdeckte, wie es mir ging. Das *Warum* sollte dabei keine Rolle spielen. Es ging lediglich um eine Bestandsaufnahme: Da ist Müdigkeit. Da ist Trauer. Diese Übung fiel mir zu Beginn extrem schwer. Denn anstelle etwas zu fühlen, fragte ich mich stets: „Warum fühle ich x?"

Doch mit der Zeit entwickelte sich diese Übung für mich immer mehr zu einer Art Meditation. Ich schälte Kartoffeln bedacht, in Zeitlupe. Ich fühlte, wie ich die Hände hielt und langsam den Kartoffelschäler bewegte. Ich spürte, wie ich innerlich zur Ruhe kam und meine Muskeln sich lockerten, eine Wohltat. Ich entspannte das Kochen weiter, indem ich so wie die Fernsehköche alle Zutaten vor dem Kochen fertig in Schälchen zurechtlegte. Bei der Zubereitung des Essens musste ich dann nur noch am Herd hantieren.

Lange führte ich diese Achtsamkeitsübungen weiter. Ich fühlte in mich hinein und versuchte das Gefühl zu erkennen und zu benennen: „Ich fühle mich müde, der Magen drückt, ich bin unruhig." Nachdem ich das *Warum* weitestgehend eliminiert hatte, weil es an Bedeutung verlor, entdeckte ich eine neue Schwierigkeit. Denn für viele Empfindungen musste ich erst Begriffe finden, bzw. mich ihnen annähern. Im Laufe der Zeit konnte ich meinen Körper immer differenzierter wahrnehmen. Wichtig wurde bei Unbehagen: Welches Bedürfnis verbirgt sich hinter meiner Befindlichkeit? Brauche ich etwas mehr Ruhe? Muss ich in irgendeinem Bereich Grenzen ziehen, mich schützen? Dies untermauert auch heute noch ein Satz, dem ich einmal begegnet war: „Wirkliche Freiheit besteht darin, zwischen Reiz (Gefühl) und Reaktion einen Moment inne zu halten und dann bewusst zu handeln!"

Durch diese Übung gelang es mir mit der Zeit auch auf Reize und Anforderungen von außen achtsamer zu reagieren. Doch dann geriet diese Übung wieder in den Hintergrund. Erst jetzt, nach der Traumatherapie, als ich diese Übung im Tagebuch wiederentdeckte, begann ich mich mit diesem spannenden Thema weiter auseinanderzusetzen.

Mein inneres Team finden

Der oben genannte Schwestern-Konflikt war ein immer wiederkehrendes Problem für mich. Ich hatte keine Ahnung, wie ich aus dieser einsamen Mausefalle herauskommen sollte. Die Lösung fand ich dann in einem kreativen Spiel mit Frau Salim. Ich sollte Helden wählen, die ich aus einem Film, der Geschichte, der Comic-, Märchen-, Tier- und Berufswelt kannte.

Zuerst war es schwierig Vertreter der jeweiligen Gruppe zu finden. Denn ich war unsicher, ob ich ihren jeweiligen Charakter richtig einschätzte. Auf Rückfrage erfuhr ich, dass es bei der Auswahl genau um meine Einschätzung ging und nicht um die des Regisseurs oder anderer. Hierdurch wurde die Übung leicht für mich.

Ich wählte:

-   Carla, eine Serienheldin. Sie ist eine erfolgreiche, attraktive Geschäftsfrau, die gleichzeitig im privaten Bereich liebevoll und souverän agiert.

-   Pumuckl, den kreativ-lustigen Kerl, der immer weiß, was er will und immer einen Weg findet, seine Ziele zu erreichen.

-   Mein Lieblingstier, eine Katze. Katzen sind für mich eigenwillig, sehr behände, zielgerichtet und gönnen sich sehr viel Muße, um sich zu pflegen und auszuruhen.

-   Jeanne d'Arc, eine Frau aus der Geschichte, die mich fasziniert. Für mich ist diese Frau geradlinig und ehrlich. Sie steht zu sich und ihrer Meinung.

Des Weiteren gesellten sich zu meinem Team noch eine wissende Kräuterfrau, eine weise Eule und eine liebevolle Oma. Die Basis für mein kreatives, inneres Team war geschaffen.

Noch heute freut es mich, dass es mir gelang, mir dieses innere Team bildlich vorzustellen. Mit all diesen Vertrauten sah ich mich gedanklich um einen runden Tisch sitzen. Dann stellte ich meine Frage in den Raum: „Wie kann ich mit der Schwestern-Situation und dem Gefühl des Ausgeschlossen Seins besser umgehen?"

Ich hörte tröstende Worte der Oma. Die Kräuterfrau brachte mir einen warmen Tee an den Platz. Carla, die liebevolle und souveräne, sagt zu mir: „Du sprichst das bei deinen Schwestern einfach an. Du sagst, wie du dich fühlst und was du dir für die Zukunft wünschst. Und wenn du magst, sagst du auch dazu, dass es am Anfang sein kann, dass du vielleicht enttäuscht reagierst, wenn sie von ihren gemeinsamen Urlaubsplänen berichten. Doch dass du damit besser umgehen kannst, als wenn du spürst, dass da ein Geheimnis ist und du belogen wirst."

Ich fühlte mich in Carlas Vorschlag ein und spürte: Diese Idee ist passend für mich.

Aus diesem Gefühl heraus rief ich noch am selben Abend meine Schwestern an. Ich fand es genial zu hören und fühlen zu können, dass sie beide spontan meinem Vorschlag zustimmten. Auch sie hassten diese Geheimnistuereien. Sie wollten mit mir zusammen die Altlast abwerfen. Diese Gespräche hatten sich gelohnt!

Das Problem löste sich auf wie eine platzende Seifenblase. Diese Erfahrung bestärkte mich darin auch künftig mutiger meine Probleme anzusprechen, sofern sie auch andere betrafen. „Danke Carla", dachte ich. Und ich bat künftig mein inneres Team gerne um Lösungen für meine Nöte und Probleme.

Befürchtungen zum inneren Team

Die Teambefragungen begannen, mir Spaß zu machen. Doch Spaß und Therapie wollten für mich damals einfach immer noch nicht zusammenpassen. Deshalb wurde ich nach dem ersten neugierigen Experimentieren plötzlich panisch. Ich begann wieder zu grübeln. Würde man jemanden, der mit imaginären Personen sprach und sich von ihnen helfen ließ, nicht für verrückt halten? Am besten behielt ich mein Tun für mich. Es war Phantasie außerhalb der Norm, die in der Psychiatrie enden konnte. Die alte Drohung aus Kindertagen stand erneut angsteinflößend vor meinem inneren Auge. „Wenn du jemandem von unserem Geheimnis erzählst, wird es heißen, du lügst oder du wirst für immer in die Psychiatrie eingesperrt."

Ich fragte mich insgeheim, ob mich Frau Salim mit diesen Phantasieübungen vielleicht doch in den Wahnsinn treiben wollte? Tage voller Angst zogen sich wie türkischer Honig. Wie so oft konnte ich die Anspannung bis zur nächsten Therapiestunde kaum aushalten. Immer wieder setzte ich meinen Notfallkoffer ein, sobald die Panik begann, in mir hochzukriechen. Dann aß ich eine scharfe Peperoni oder löste schwere Sudokus. Überrollte mich die Panik, explodierte mein Darm. Danach wurde ich wieder ruhiger.

In der nächsten Therapiesitzung wiederholte Frau Salim geduldig und glaubhaft, dass Kreativität keine Krankheit sei. Es gebe also auch keinen Grund mich in eine Psychiatrie einzuweisen. Im Gegenteil, diese Imaginationsübungen[6] seien gut für meine Heilung. Sie hätten absolut nichts mit Wahnsinn zu tun. Es seien Übungen zur Heilung der Seele.

„Ok", dachte ich, „dann lasse ich mich auf diese Imaginationsübungen weiter ein. Und wenn es mir zu viel wird kann ich ja immer noch damit aufhören." Die Worte der Therapeutin wirkten entlastend. Meine Wahrnehmung sagte mir: Du kannst Frau Salim vertrauen! Damals war mir nicht bewusst, dass ich diese Erklärungen schon einmal gehört hatte.

Leider hielt diese innere Ruhe nicht lange an. Denn die Angst, etwas stimme nicht mit mir, wurde zusätzlich durch einen anderen Gedankengang genährt. Hatte ich nicht gelesen, dass Menschen mit dissoziativer Identitätsstörung innere Konferenzen zum Austausch nutzten? War ich vielleicht auch multipel, wenn ich diese Technik nutzte? Hatte ich mich die letzten Jahre nur verstellt, so getan, als ob ich nur eine Person wäre? Dann hätte ich ja noch eine weitere Aufgabe zu bewältigen. Diese Unsicherheit in meiner Wahrnehmung nahm in der therapie-

---

[6] Mit Gedanken und Bildern gezielt Tagträumen, wie ich es nenne.

freien Zeit immer mehr zu. So sehnte ich mich wieder einmal nach meiner nächsten Therapiestunde, obwohl ich mir gar nicht sicher war, ob ich die Frage nach dem „multipel sein" würde stellen können. Doch meine Angst war zum nächsten Therapietermin so groß geworden, dass ich mutig meine Befürchtungen beim Namen nannte.

Wie immer beobachtete ich Frau Salim genauestens, als sie antwortete. Dabei sah und spürte ich: Die Therapeutin konnte meine Not nachfühlen, ohne mich zu verurteilen. Das tat mir sehr gut. Und dann erfuhr ich, dass viele Imaginationsübungen Überlebensstrategien von traumatisierten Menschen waren. Ihre Therapeuten erkannten den Sinn dieser Strategien und übernahmen diese in ihren Fundus der Heiltechniken. Denn genau diese traumatisierten Menschen hatten in ihrer frühen Kindheit noch Zugang zu ihrer Phantasie. Diese schenkte ihnen kreative Ideen, als Kraftquellen und Schutz ihrer Seele, um ihr Trauma überleben zu können. Und diese Überlebensstrategien konnten nun für jeden Ratsuchenden auch bewusst eingesetzt werden. Denn nicht nur traumatisierte Menschen haben innere Verletzungen. Auch scheinbar seelisch gesunde Erwachsene tragen ihre Altlasten mit sich herum. Heute kann und darf jeder mit diesen und anderen cleveren Techniken seine kleinen und großen Wunden heilen und Einschränkungen auflösen, um noch selbstbestimmter und glücklicher zu leben.

Nach dieser erneuten Entwarnung beschloss ich, mit diesen Imaginationsübungen noch ein klein wenig weiterzumachen. Wenn es mir dann irgendwann doch zu gefährlich würde, könnte ich ja immer noch Stopp

sagen. Heute weiß ich, dass die Phantasie tatsächlich eine meiner größten Ressourcen[7] ist. Sie war lediglich durch die Ereignisse meines Lebens vergraben. Die Angst hatte mir Vergessen geschenkt. Durch die
Nutzung meiner phantasievollen inneren Bilder wurde die Heilung
meiner Seele möglich. Doch das ahnte ich damals noch nicht.

In stressigen Zeiten zur Ruhe kommen

Trotz all der Therapiegespräche und Übungen gelang es mir oft nur
schwer, zur Ruhe zu kommen und zu regenerieren. Denn durch die aktuelle Aufarbeitung meines Lebens wurde viel Altes in mir in Bewegung gesetzt. Abends wälzte ich mich dann im Bett und meine Gedanken kreisten, ohne dass ich sie abstellen konnte. Auch der Tresor, meine
Dusche, schaffte es nicht immer, die gewünschte Ruhe herzustellen.
Dann schlief ich meist irgendwann gegen Morgen erschöpft ein. Für
dieses Problem bot mir Frau Salim eine weitere Einschlaf- und Ab-
schalthilfe an. Die Trauma-Therapeutin ließ mich eine bequeme Hal-
tung in meinem Sessel einnehmen. Dann führte sie mich in die Entspannung und ließ mich meinen ganz persönlichen, inneren, sicheren Ort
finden. Es war ein Ort von meiner Phantasie erschaffen, an dem nur ich
selbst und auf Wunsch auch Phantasiegestalten waren. Andere, reale
Personen und Tiere sollten den Ort nicht betreten, weil sie im realen
Leben immer ambivalent[8] sein können.

---

[7] Ressource = nutzbare Fähigkeit, Kraftquelle in mir
[8] Ambivalent = zwiespältig, doppelwertig, mehrdeutig

Auf dem Weg zu meinem inneren, sicheren Ort stand ich irgendwann vor einer hohen, dichten Hecke aus Bäumen und Sträuchern. Der Weg schien zu Ende zu sein. Da gingen die Zweige vor mir auseinander und ich konnte ungehindert weitergehen. Nun stand ich auf einer wundervollen, frühsommerlichen Blumenwiese, während sich der Durchgang hinter mir wieder schloss. Rechts von mir stand ein weißes Haus, vor dem eine große, hell gefliese Terrasse lag. Ein bordeauxroter Ohrensessel stand darauf und lud mich zum Platznehmen ein. Der Sessel war sehr bequem und erlaubte mir einen guten Blick über den gesamten Garten. Die Baumhecke, durch die ich in den Garten gelangt war, schloss auf beiden Seiten des Hauses dicht an und umgrenzte sicher das ganze Areal. Die Hecken waren sauber, ohne jegliches Getier. In der Mitte vor mir lag ein kleiner Teich. Zwei Enten schwammen schnäbelnd und schnatternd zwischen rosafarbenen Seerosen herum. Am Ufer saß ein grüner Frosch, der dabei war, Fliegen zu fangen. Links neben dem Tümpel stand ein Apfelbaum. Ich hörte das leise Summen der Bienen an den Wiesenblumen und das sanfte Rauschen der Blätter des Apfelbaums. Vögel zwitscherten.

Je mehr ich meinen Blick schweifen ließ, umso ruhiger und entspannter wurde ich. Der frische Wind streichelte meine Wangen und die wärmende Sonne kitzelte mich an der Nasenspitze. Als es mir trotzdem etwas kühl wurde, war ich plötzlich in eine kuschelig warme Decke eingehüllt.

Rechts neben meinem Sessel stand ein kleines rundes Tischchen. Auf ihm stand eine duftende Tasse Kaffee. „Was für ein wundervoller Ort der Ruhe, Harmonie und des Friedens", dachte ich. „Hier fühlte ich mich rundum wohl."

Nach einiger Zeit holte mich Frau Salim mit meiner Aufmerksamkeit wieder in den Therapieraum zurück. Ich öffnete die Augen, reckte und streckte mich und fühlte mich wie nach einem wohligen Schlaf erwacht. Wie lange ich dieses erste Mal an meinem inneren sicheren Ort verweilt hatte, konnte ich nicht einschätzen. Ich wusste nur, dass diese Erfahrung wundervoll war.

Diesen Ort sollte ich nun gedanklich regelmäßig aufsuchen. Denn je häufiger ich üben würde, umso leichter und schneller könnte ich im Bedarfsfall, wenn ich einmal zu gestresst wäre, auch an diesen Platz gelangen und etwas Ruhe finden.

Ungestörte Übungszeit fand ich besonders abends im Bett. Das entspannte Gefühl an meinem neuen inneren Ort erleichterte mir tatsächlich das Einschlafen. Allerdings gelang mir die Übung nur auf dem Rücken liegend. Sobald ich mich auf die eine oder andere Seite drehte verschwanden mein inneres Bild und die Ruhe. Auch am Tag, wenn ich sitzend übte, musste ich meine Augen und den Kopf in zentriertem Blick halten, um an den inneren Ort zu gelangen. Mein innerer, sicherer Ort lag offensichtlich genau vor mir.

Ab und zu hatte ich Probleme, an meinen ISO[9] zu gelangen. Es waren Tage, an denen ich besonders gestresst war oder mit meinem Mann im Clinch lag. Frau Salim schien diese Schwierigkeit zu kennen. Und wie immer bei meinen Sorgen und Zweifeln fand sie eine Anregung, wie ich

---

[9] ISO = innerer, sicherer Ort

damit umgehen könnte. Diesen belastenden Mist könnte ich vor dem ISO auf einen Abfallhaufen werfen, oder auf dem Weg zum ISO in Rucksäcke verpacken und am Wegrand abstellen. Alle Ideen und Veränderungen seien möglich, so lange wie sie mir einen unbeschwerten Zugang zum ISO ermöglichten. Ich entschied mich für die Rucksäcke, die ich auf dem Weg zum ISO schwungvoll wegwerfen wollte.

Auch dafür, dass ich bei Ehestress meinen ISO nicht besuchen konnte, hatte Frau Salim eine Erklärung. Ich verstand, dass, wenn ich mich im Ehebett nicht sicher fühlte, ich mich dadurch auch nicht auf den ISO einlassen konnte. Denn ohne äußere Sicherheit ist keine innere Sicherheit möglich.

Wandel 1: Am inneren, sicheren Ort

Dass dieser innere, sichere Ort zu meinem hilfreichsten Heilungsmittel werden würde, erahnte ich damals noch nicht. Vorerst genoss ich es am ISO auf dem bequemen Sessel zu liegen, dort Kraft und Energie zu tanken und meist dabei einzuschlafen.

Wieder einmal lag ich abends im Bett und genoss den Frieden, der sich während des Besuchs am ISO in mir ausbreitete. Irgendwann dachte ich, es wäre schön, wenn mein inneres Kind auch hier wäre. Und wie ich so meine Gedanken fließen ließ, sah ich plötzlich wie hingezaubert, links neben meinem Sessel, auf der Wiese ein stabiles rotes Schaukelgestell. Ein leuchtendes Nebelwesen saß auf der Schaukel und bewegte diese schnell und rhythmisch. Es war mein inneres Kind, das sich allmählich aus dem Nebel formte. Da war ich mir ganz sicher.

Was für ein magisches Erlebnis! Denn die Schaukel mit dem Kind hatte ich ja nicht bewusst gestaltet. Ich hatte lediglich den inneren Wunsch gedacht, meinem inneren Kind an diesem wundervollen Ort Raum zu geben. Und die Phantasie schenkte mir dieses Bild. Ich beschrieb damals Frau Salim dieses Wahrnehmen so: „Dieses Nebelwesen schaukeln zu sehen, ist so ähnlich wie träumen. Da sieht, handelt und fühlt man ja auch. Der einzige Unterschied bestand darin, dass ich mir mein inneres Kind bewusst an diesen Ort gewünscht hatte."

So sehr mich dieses Erlebnis begeisterte, so große Angst bekam ich wenige Tage später, als die Euphorie abebbte. Wieder einmal fragte ich mich: „Soll ich mich wirklich weiter auf diese Übung einlassen? Besteht jetzt nicht die Gefahr, dass ich in dieser Traumwelt bleiben will und nicht mehr in den Alltag, die Realität, zurückkomme? Und was, wenn mich meine Phantasie nun doch noch völlig wahnsinnig macht?"

So stellte ich in der nächsten Therapiestunde erneut die bange Frage: „Bin ich nun doch kurz vor dem Wahnsinn, den mir meine Oma als Drohung eingebläut hatte? Besteht für mich die Gefahr in dieser Phantasiewelt stecken zu bleiben?"

Doch auch dieses Mal konnte Frau Salim meine Sorgen entkräften. Die Therapeutin kannte mich und war sich deshalb sicher, dass ich immer wieder im Hier und Jetzt ankommen würde. Diese kreative Phantasie sei ein Geschenk, eine Ressource von meiner Seele, ähnlich wie das Träumen.

Wie es Frau Salim genau schaffte, dass ich ihr erneut glaubte und wieder etwas mehr vertraute, kann ich auch aus heutiger Sicht nicht erklären. Doch ich war dankbar, dass sie so geduldig war und meine immer wieder aufflackernde Angst ernst nahm und so auflöste, als hätte ich diese Bedenken zum ersten Mal geäußert. Und dass ich sogar für die Einladung meines inneren Kindes an den ISO gelobt wurde, beschwingte mich. Meine Kleine war am ISO in Sicherheit. Und selbst wenn ich im Außen agierte, konnte die Kleine im Innern bleiben. So die Erkenntnis, die ich aus dieser Therapiestunde mit nach Hause nahm.

Wandel 2

Die Ausführungen meiner Therapeutin ermutigten mich, abends erneut eine Übung zu absolvieren. Ich startete meine abendliche Reise ungewohnt, wie in meinen Kinderträumen fliegend. Vor dem Eingang in den ISO warf ich den Ballast des Tages auf einen Misthaufen. Sonderbar, denn eigentlich hatte ich mich bewusst für die Rucksack-Entsorgung entschieden gehabt. Doch ich ließ es geschehen.

An meinem ISO angekommen saß ich gleich auf meinem Sessel auf der Terrasse. Die Kleine, mein inneres Kind, schaukelte übermütig. Ich konnte förmlich ihren Spaß sehen und die Wärme des erhitzten Gesichtchens spüren. Es fühlt sich herrlich an: Leicht und frei!

Irgendwann fragte ich die Kleine, ob sie gerne noch etwas anderes tun wolle. Obwohl sie weiter schaukelte, tauchte im Bild, in der Nähe der Schaukel, ein Schreibtisch auf. Davor saß ein kleines verschwommenes Wesen, das durch ein

Mikroskop schaute. Es war die Neugierige, wie sie sich vorstellte. Sie sprang auf, ein Schmetterlingsnetz in der Hand, rannte über die Wiese und fing einen bunten Schmetterling. Diesen zerlegte sie und betrachtete seine einzelnen Bestandteile unter dem Mikroskop. Ich fand die Situation total spannend. Nun gab es ein zweites Nebelwesen, dessen Handlungen und Gefühle ich wahrnehmen konnte.

Neugierig beobachtete ich weiter diesen Aktionsnebel. Dabei erlebte ich, wie die Neugierige eine Spinne mit einem Glas einfing. Diese wurde wie der Schmetterling interessiert seziert und unter Vergrößerung betrachtet. Das irritierte mich sehr. Hatte ich doch im realen Leben panische Angst vor Spinnen. Und nun saß ich da und beobachtete gespannt, wie ein kleines Nebelwesen, oder sollte ich besser sagen Gefühlswesen, neugierig agierte. Ob mein Heilungsprozess bereits begonnen hatte?

Die Entspannung am ISO genießend, hörte ich plötzlich eine fremde Stimme. Diese fragte mich gedanklich, ob sie auch einen Platz an meinem ISO haben könne. Doch bevor ich auf dieser Gedankenebene antworten konnte, verschwand die Stimme als Nebelschwade, in einem dunklen Kasten. Dieser stand plötzlich schräg gegenüber der Terrasse, ganz weit hinten rechts im Garten des ISO. Ich hörte nur noch, wie sich eine schwere Eisentür schloss. Bei genauerem Betrachten der großen Kiste konnte ich keinen Türgriff sehen. Wenn, dann ließ sich die Tür wohl nur von innen öffnen. Da ich fürchtete, dass die Stimme irgendwann meinen ISO gefährden könnte, setze ich einen Beschützerdrachen vor die Tür. Alles schien wieder in Ordnung zu sein. Doch dann wurde mir plötzlich total schwindlig. Alles dreht sich in meinem Kopf. Ich bekam Panik und fürchtete zu sterben.

Deshalb verließ ich spontan meinen ISO. Ich machte das Licht an und zählte die Falten unseres Vorhangs. Dadurch kam ich wieder im Hier und Jetzt an, in meinem Bett. In dieser Nacht fiel ich erst gegen Morgen in bleiernen Erschöpfungsschlaf.

Obwohl ich vor dem nächsten Besuch an meinem ISO große Angst hatte, wollte ich meine tägliche Hausaufgabe weiter fortsetzen. Doch am ISO angekommen, wurde mir sofort wieder schwindlig. Ich zog mich von dort zurück und akzeptierte diese Übungs-Zwangspause.

Traurig berichtete ich Frau Salim von diesem Fehlschlag und meiner Angst. Fürsorglich hörte sie mir zu. Wir begaben uns zusammen auf die Suche nach der Ursache des Schwindelgefühls. Zuerst dachte ich: „Es ist die Angst vor dem schlimmen Kindheits-Trauma und die Angst, Verrat an meiner Familie zu üben." Ich meinte: „Da hat sich also jemand im ISO eingeschlichen, der verhindern will, dass ich eine noch schlimmere Nestbeschmutzerin werde, als ich es schon bin."

Doch fast gleichzeitig tauchte in meinem Kopf ein anderer Gedanke auf. Ich geriet in Panik. Nur gut, dass Frau Salim da war und mich aus meiner Not herausholte. Die Nestbeschmutzer-Geschichte war ein Ablenkungsmanöver für meine wahre Angst: „Zwei innere Kinder, und nun noch diese unbekannte Stimme waren an meinem ISO. War ich vielleicht doch ‚Viele' und hatte es bisher geschickt vor mir selbst versteckt? Anderseits gab es bei mir keine Zeitverluste oder unterschiedliche Schriften. Oder war ich unheilbar wahnsinnig? Weshalb spaltete ich mich? - Ich bin verrückt! Ich werde weggeschlossen - für immer!" Bei diesen Gedanken war der Schwindel plötzlich wieder da, die Angst zu sterben und das im Hier und Jetzt. Doch konnte ich diese Befürchtung wirklich gefahrlos Frau Salim gegenüber erwähnen?

Nach längerem Schweigen entschied ich mich: Lieber fragen, als sterben. „Wie kann es sein, dass sich an meinem ISO zwei innere Kinder, ich und diese Stimme aufhalten. Bin ich multipel? Verrückt? Muss ich eingesperrt werden? So halte ich das nicht mehr aus."

Die beruhigende Stimme von Frau Salim ließ mich spüren: Ich bin in Sicherheit. Ich bin nicht wahnsinnig. Entgegen meiner bisherigen Annahme kann es mehrere Momentaufnahmen des inneren Kindes - meiner Person - geben. Meine Seele hatte viele Verletzungen erfahren. Jede dieser Wunden war mir zu unterschiedlichen Zeitpunkten meines Lebens zugefügt worden. Diese wurden zwar manchmal mit Pflastern zugeklebt, aber nicht ausgeheilt. So wurden die Wunden teilweise offengehalten, oder durch erneute, ähnliche Verletzungen wieder aufgerissen. Für mich war es also ganz normal, dass es an meinem ISO so unterschiedliche Lichtwesen oder Nebelwesen gab, die unabhängig voneinander agierten. Das hatte nichts mit Wahnsinn zu tun. Es war die Wahl meines Herzens, wie es mit den Verletzungen umgehen wollte, die mein Unterbewusstsein aufspürte, Preis gab und heilen wollte. Bilder meiner Seele, die zu mir gehörten wie mein einmaliger Fingerabdruck.

„Wie toll", dachte ich beim Schreiben. „Das schaukelnde, innere Kind und die neugierige Kleine hatten die Möglichkeit bekommen, endlich das zu tun, was sie früher gerne getan hätten, ihnen jedoch verboten war." Denn wildes Spielen war zu gefährlich und nichts für ein Mädchen, war die Meinung meiner Mutter. Die Neugierige war eine andere Momentaufnahme meines inneren Kindes. Einschränkungen beim Ausleben der Neugier hatte es offensichtlich auch in meinem Leben gegeben. Nun holten die Kleinen nach, was sie vermissten. Damit begann offensichtlich meine Heilung einzelner Wunden. Auch das Wesen, das sich verbarg - die erwachsene Momentaufnahme meiner Person -, war gekommen, um gesund zu werden. Und da dieses Wesen, so vermute ich heute, vielleicht eine zu große Wunde hatte, verbarg es sich in diesem Kasten. Denn so, wie beim Erinnern an die Vergangenheit, gab meine Seele beim ISO immer nur so viel Preis, wie ich gerade verkraften konnte. Da war ich mir aus der Erfahrung heraus sicher.

Irgendwo hatte ich einmal gelesen, dass man nicht alle Ursachen der Wunden im Einzelnen kennen muss, um sie heilen zu können. Es geht lediglich um das Gefühl, das die jeweilige Verletzung ausgelöst hatte. Und das schien und scheint mir logisch. Dieser Denkansatz ist wohl der große Unterschied zu meinen vergangenen Therapien. Da hatte ich eher die Ursachen und Details der Situationen erkundet, die mich belasteten, als nach den Gefühlen zu suchen. Heute denke ich, dass ich dadurch in den ersten Therapien wohl auch immer tiefer in die Depression gerutscht war. Auf diese Vorgehensweise über Jahre hin eingefahren, wurde mir klar, dass mein Verstand sicher noch eine ganze Zeit nach dem „Weshalb" und „Warum" fragen würde. Und irgendwann, so hoffte ich, würde ich dann automatisch meine Gefühle über den Verstand stellen können. Ein spannender Weg.

Die Nebelwesen beschäftigten mich. Ich empfand Dankbarkeit, für diese kleinen Wesen und sogar für die verborgene Gestalt. Deshalb wünschte ich mir einen ganz besonderen Namen für sie. Er sollte meine Liebe zu ihnen ausdrücken. Der Name **Seelenanteile** wurde für sie geboren. Und insgeheim hoffte ich nun sogar, noch ganz viele so kleine Wesen am ISO begrüßen zu dürfen, um ganz gesund werden zu können. Denn ich spürte schon damals intuitiv, dass das der Weg zu meiner Heilung war.

Wieder einmal war es die Sicherheit und Klarheit meiner Therapeutin gewesen, die sich auf mich übertrug und mir die aktuelle Angst nahm. Meine erlernte Angst hatte offensichtlich unendlich viele Facetten von denen immer wieder eine andere aufblitzte. Diese verschiedenen Seiten wurden von meiner Therapeutin Schritt für Schritt von der Furcht befreit. Erst nachdem alle Elemente in Vertrauen gewandelt waren, konnte ich mich ganz in der Therapie fallen lassen. Doch dies sollte noch einige Zeit dauern.

Meine intuitive Entscheidung einen Drachen als Schutz an meinen ISO zu bringen, gefiel Frau Salim. Denn dieser sichere Ort im Innern, ein Ort der Ruhe und neuerdings auch der Heilung, sollte kein Ort des Grauens werden. Er sollte nicht erneut traumatisieren. Dem stimmte Frau Salim zu und sie bestärkte mich darin, gut für mich zu sorgen.

Damit ich zu Hause wieder entspannt ans Üben gehen konnte, begleitete mich Frau Salim in dieser Sitzung noch einmal an meinen ISO. Dabei bat sie mich, besonders auf meinen Schutz zu achten.

*Spontan baute ich eine transparente Wand innerhalb des Nadelwaldgeheges
auf. Ich konnte nach außen hindurchsehen. Doch der Blick nach innen war ver-
wehrt. Die Bäume störten plötzlich, sie mussten weg. „Denn wer weiß schon,
was in den Ästen verborgen ist", dachte ich. Aus dem gleichen Grund waren
wohl auch der Apfelbaum und der Teich verschwunden. Vor der Terrasse lag
eine bunte Blumenwiese. Links davon, im Kinderbereich, schaukelte die Kleine.
Die Neugierige betäubte und sezierte eine Maus. Die Kiste stand ganz rechts
hinten vor der Glaswand. Sie hatte sich in ein Verlies verwandelt. Vor dessen
Tür saß immer noch der große, starke Drache. Alles war in Ordnung. Ich fühlte
mich wieder ganz sicher und geborgen an meinem ISO. Ich kam zur Ruhe.*

Wandel 3

Schon beim Üben am nächsten Abend gab es erneut eine Veränderung.

*Gut am ISO angekommen, fragte ich mutig und neugierig gleich in die Stille
hinein, ob noch ein Seelenanteil an den ISO kommen wolle. Da entstand direkt
gegenüber der Terrasse, links neben dem Verlies ein heller, breiter Diwan. Ein
weiblicher Seelenanteil im jugendlichen Alter saß darauf. Er tauschte mit einem männlichen, lichten Wesen behutsam Zärtlichkeiten aus. Es war so rein
und fühlt sich für mich wundervoll an. Wieder spürte ich die Handlungen
mehr, als dass ich die Wesen sah. Und dieses Berühren ohne Forderungen und
sexuelle Handlungen rührten mich zu Tränen der Dankbarkeit. „Ob das an-
hält?", beschlich mich die Frage. Und Schwups, entstand hinter dem Diwan*

ein Toilettenhäuschen. Es stellte den Fluchtort bei Gefahr eines Übergriffs dar. Nun war wieder alles abgesichert. Ich konnte weiter entspannen.

Am nächsten Morgen dachte ich über meinen letzten Besuch am ISO nach. Ich war mir sicher, dass meine aktuellen, realen Darmprobleme immer noch mit den sexuellen Übergriffen meiner Kindheit zu tun hatten. Das Dixi-Häuschen schützte bei Not am ISO. Wie clever mein Unterbewusstsein arbeitete!

Wandel 4

Ein paar Tage später, es war abendliche Übungszeit, sehnte ich mich nach der Ruhe und Geborgenheit an meinem ISO. Ich hatte mich warm in meine Bettdecke eingekuschelt und hielt meinen Teddy im Arm.

Alle Seelenanteile der letzten Therapiesitzung waren anwesend. Nur dieses Mal spielten die Kleinen nicht. Sie saßen auf Kinderstühlen um einen kleinen, runden Tisch herum. Sie tranken Limonade und aßen Salami- oder Marmeladenbrote.

Auf dem runden Tischchen, rechts neben meinem Terrassen-Sessel, stand ein Glas frisch duftende Zitronenlimonade. Der schwarze Bunker, einst das Verlies, war royal Blau und hatte ein kleines ovales Fenster bekommen. Das Gemäuer hatte durch diese Veränderungen seine Bedrohlichkeit verloren. Der Drache wachte trotzdem vor dem Eingang. Friede erfüllte mein Herz. Hier wollte ich gerne für immer bleiben. Das war das letzte, was ich zu diesem Abend erinnerte.

Dabei war ich offensichtlich friedlich eingeschlafen.

Wandel 5

Der Alltag brachte noch eine andere alte Wunde zu Tage. Bei Streitigkeiten und Kritik meines Mannes rutschte mein Selbstwertgefühl immer wieder in den Keller. Dann fühlte ich mich in meiner Annahme bestätigt, dumm zu sein. Diesen Gedanken und dieses Gefühl wollte ich nicht mehr haben. Daran wollte ich etwas ändern. Deshalb nahm ich mir vor, bei meinem nächsten Abendritual einen Schlaumeier am ISO zu installieren und das für dumm gehaltene kleine Mädchen zur Kur einzuladen.

Bei meiner Ankunft am ISO lagen alle anwesenden kindlichen Seelenanteile am Rand der Spielwiese in kleinen Betten und schliefen. Ich ging zu ihnen und streichelte sie behutsam. Das fühlt sich richtig gut und geborgen an.

Danach legte ich mich bequem in meinen Sessel auf der Terrasse und lud meinen neuen Gast ein: den für dumm gehaltenen Schlaumeier. Spontan entstand im Schlafbereich links ein Hochbett. Darunter stand ein Schreibtisch mit Stuhl. Der neue Seelenanteil saß da und löste begeistert ganz schwierige Gleichungen. Er genoss die nächtliche Ruhe. Das frisch verliebte Paar war heute nicht da. Doch der Diwan hatte sich in ein rotes Samt Sofa verwandelt.

Der Bunker war wieder schwarz und ohne Fenster. Doch mein gutes Gefühl wurde an diesem Abend nicht dadurch belastet. Der Schutzdrache wirkte zuverlässig. Irgendwann verließ ich den ISO, nachdem ich mich von allen anwesenden Seelenanteilen verabschiedet hatte.

Eine ruhige Nacht folgte.

Therapiemonat 5 – 8

Wandel 6

In den vergangenen Wochen entdeckte ich immer wieder alte Verletzungen, die am ISO kuriert werden wollten. Es war eine friedliche Zeit. Doch dann wurde der Alltag durch den Autounfall meiner mittleren Schwester Carmen neu aufgemischt. Carmen war auf dem Weg zu Timm und mir gewesen. Kurz vor ihrem Ziel war sie auf spiegelglatter Fahrbahn ins Schleudern geraten und dann eine Böschung hinuntergerollt. Ihr Schutzengel hatte sie vor größerem Schaden bewahrt. Die Feuerwehr befreite sie aus ihrem Auto und die Sanitäter brachten sie ins Krankenhaus. Carmen musste einer Nacht zur Beobachtung bleiben. Am nächsten Morgen holten wir sie mit ihren Prellungen und den Folgen des riesen Schreckens zu uns nach Hause. Ich quartierte sie im Gästezimmer ein und umsorgte sie liebevoll. Viel Ruhe und Gespräche zur Unfallverarbeitung linderten Carmens Schrecken allmählich. Das Auto war ein Totalschaden.

In mir saß der Schreck so tief, dass ich einige Abende nicht an meinen ISO kam, obwohl ich die Ruhe so sehr gebraucht hätte. Doch am ISO war es nur schwarz, so wie ich mich auch fühlte: dunkel und schwer. Im Außen bemühte ich mich zu funktionieren.

Ein paar Tage später gelang es mir, wieder Licht an meinem inneren Zufluchtsort wahrzunehmen. Die Angst als aktuellen Begleiter nahm ich mit. Sie zeigte sich am ISO als schwarzer Springball. Er hüpfte unberechenbar herum. Die

Angst war mal hier und dann wieder ganz woanders. Das beruhigte mich, weil ich dadurch erkannte: Angst ist eine Momentaufnahme. Sie kommt und geht. Die spielenden Seelenanteile an meinem ISO wurden nur immer wieder kurz von dem springenden Ball berührt, was sie kurz aufmerken ließ, um dann unbeirrt mit ihren Aktivitäten weiterzumachen. Ich fühlte, wie plötzlich Dankbarkeit aufkam. Dieses Gefühl irritierte mich total. Doch da ja an diesem Phantasieort alles geschehen konnte, ließ ich dieses Gefühl zu.

Dieses Mal arbeitete das am ISO Erlebte ganz bewusst in meinem Kopf weiter. Carmens Unfall machte etwas mit mir. Ich kannte diese Angst. Und dieser Springball klopfte nun an eine Tür, die lange verschlossen war. Erinnerungen tauchen auf: Die vielen Operationen meiner Mutter, hatten mir als Kind Angst gemacht. Denn mir wurde nie gesagt, was mit meiner Mutter passierte und ob sie je wieder nach Hause kommen würde. Darüber sprach man nicht. Oma sagte dann immer zu mir: „Stell dich nicht so an! Du wirst ja nicht operiert!"

Da ich meine Mutter damals im Krankenhaus nicht besuchen durfte, ließ ich mich immer wieder wegen Übelkeit oder Kopfschmerzen früher aus der Schule entlassen. Dieser Zeitgewinn ermöglichte mir heimliche Besuche am Krankenbett. Dabei konnte ich sehen und spüren, wie es meiner Mutter ging.

Am ISO hatte ich mir diese Angst um einen geliebten Menschen erlaubt. Dort spürte, zeigte und lebte ich dieses Gefühl. Und immer, wenn ich diesen schwarzen Springball sah, konnte ich mich entspannen. Diese Entlastung wollte ich auch im realen Leben erleben. Noch unsicher, ob diese Entscheidung richtig war, erlaubte ich mir die Sorgen um Carmen zuzulassen, ohne sie gleich wieder wegzuschieben. Ich sprach mit Timm über meine aktuellen und alten Sorgen. Dabei fühlte ich, wie ich diese Angst annahm und ernst nahm. Überraschenderweise wurde ich von Timm weder gerügt noch zurechtgewiesen, im Gegenteil. Auch ihm ging es ähnlich. Die ganze Familie stand unter Schock. Wir waren müde und gleichzeitig dankbar für die göttliche Fügung: Meine Schwester hatte die Überschläge des Autos überlebt! Wir würden in Dankbarkeit ein ruhiges, friedvolles Weihnachtsfest feiern.

Wandel 7

Immer wenn sich die Gelegenheit bot, sprach ich mit Carmen über ihren Unfall. Bei diesen Gesprächen spürte ich starke Verspannungen in meinem Hals- und Nackenbereich. Die Erinnerung an einen eigenen Unfall vor Jahren kam zurück. Mir war auf dem Heimweg von der Arbeit die Vorfahrt genommen worden. In Eiseskälte hatte ich fast eine Stunde auf die Polizei warten müssen. Gleichzeitig musste ich darauf achten, dass mein Unfallgegner nicht wegfuhr. Nach der Unfallaufnahme fuhr ich weinend und zähneklappernd in Schneckentempo über die Autobahn nach Hause. Ich fühlte mich unter Schock und hatte ein Schleudertrauma.

Dieses Schockgefühl nahm ich nach dieser Erinnerung abends mit an meinen ISO. Hieraus entwickelte sich in der linken Ecke, dem Kinderbereich, ein kleines Wesen. Es hockte zusammengekauert da, ängstlich wimmernd. Ich fühlte, dass ich von ihm Abstand halten sollte. Deshalb stellte ich dem „Häufchen Elend" eine liebevolle Nanny zur Seite. Diese hockte sich zu der Kleinen und streichelte behutsam über ihren Hinterkopf und Rücken. Dann nahm die Nanny das kleine Wesen auf ihren Arm, wiegte es, bis es zur Ruhe kam und friedlich einschlief. Zu diesem Zeitpunkt war auch ich eingeschlafen.

Neben dem ISO entlasteten mich auch die Gespräche mit Timm und Frau Salim. Dabei konnte ich sehen, dass ich von meinen Gesprächspartnern mit meinen Sorgen und meiner Angst um die Schwester wahr- und ernstgenommen wurde. Anscheinend erwartete niemand von mir, dass ich stark und völlig unberührt durch diese schwierige Zeit ging. Wieder eine Erfahrung die ich sammeln durfte.

Vertrauenszuwachs

Um etwas regenerieren zu können, bot mir Frau Salim in der folgenden Therapiestunde eine Entspannungsübung an. Hierfür sollte ich mich bequem auf ihr neues, helles Sofa legen. Doch alles sträubte sich in mir. In meinem Kopf hämmerte eine Stimme: „Da kannst du dich nicht hinsetzen. Du könntest das Sofa schmutzig machen!" Meine Therapeutin bemerkte mein Zögern und fragte, was mich am Hinlegen hinderte. Ihr Angebot eine Schutzdecke auf das Sofa zu legen, damit ich es nicht verschmutzen konnte, löste mein Problem. Ich fühlte mich angenommen, ohne dass ich meinen Wunsch begründen musste. Meine Erleichterung war so groß, dass ich sogar zu notieren vergaß, welche Entspannungs-übung ich danach gemacht hatte.

Heute ist mir klar, dass es gerade solche Situationen waren, in denen mein Vertrauen zu Frau Salim immer weiterwuchs. Nach dieser Thera-piesitzung gönnte ich mir einen Mittagschlaf. Denn ich war wieder ein-mal unendlich müde und erschöpft. Doch das irritierte mich ja schon länger nicht mehr, da ich wusste, dass auch diese geistige Arbeit in der Therapie und zu Hause sehr anstrengend war.

Wandel 8

Abends im Erholungssessel am ISO liegend, lud ich den kleinen „Beschmut-zer"[10] zu mir ein. Dieser verletzte Seelenanteil fühlte sich hier völlig frei, wie ich spüren konnte. Er hatte vom Matschen im Sandkasten der Kinderecke dre-ckige Hände. Diese platzierte er an der weißen Hauswand und der Schutz-Glaswand. Überall zeigten sich braune Handabdrücke.

Plötzlich tauchte ein kleines weinendes Seelenwesen auf. Mäuschen nannte ich es spontan. Welches Leid es mitbrachte, konnte ich nicht erkennen. Als es den aktiven „Beschmutzer" entdeckte, schaute es ihm neugierig zu und vergaß da-bei, weiter zu weinen. Spontan fasste Mäuschen in den Sandkasten und lief auch zur Glaswand, beteiligte sich dort an der kunstvollen Wandgestaltung. Beide Seelenanteile hatten dabei einen Riesenspaß, wie ich sehen, hören und fühlen konnte. Und dann verschwand der „Beschmutzer", das Mäuschen blieb.

---

[10] Der Seelenanteil, der mich nicht auf das Sofa setzen ließ.

Nach diesem Genuss schickte ich Mäuschen unter die Dusche. Diese befand sich in der linken, hinteren ISO Ecke und war durch einen Sichtschutz vom Schlaf- und Spielbereich abgetrennt. Davor tauchte eine helle Gestalt auf. Es war wohl eine Fee, die ein weiches Badetuch schützend vor die Duschkabine hielt, das nasse Kind herausholte und abtrocknete. Dabei schrumpfte Mäuschen zu einem Baby. Die Fee zog die Kleine behutsam an und legte sie in einen Korbwagen. Dabei war sie eingehüllt in eine kuschelig weiche, hellbeige Decke. Die Kleine fühlte sich wundervoll. Sie begann mit einer roten Rassel mit weißen Punkten zu spielen und genoss dieses rhythmische, beruhigende Geräusch. Am Himmel des Stubenwagens hing ein Mobile mit blauen Delphinen und goldenen Sternen. Mäuschen entspannte sich zunehmend, genoss den Frieden.

Dabei rutschte auch ich im Hier und Jetzt in entspannten und erholsamen Schlaf.

Ein neues Thema tritt in den Vordergrund

Ein paar Tage später saßen Carmen und ich gemütlich beisammen und genossen eine warme Tasse Rotbusch-Tee. Es war Erholungszeit, die wir ohne Carmens Unfall nicht gehabt hätten. Draußen war alles in Zuckerwatte gehüllt, um die Natur vor der Kälte dieses besonders harten Winters zu schützen. Dieses friedliche Bild nahm zumindest mir wieder etwas die Angst vor der aktuellen Bedrohlichkeit des Winters.

Und dann, ganz nebenbei, erwähnte Carmen das Gespräch mit einer Freundin. Diese habe zu ihr gesagt: „Gerne möchte ich nach all den Ehejahren noch so glücklich verheiratet sein wie deine Schwester Veronika!" Sie habe geantwortet: „Meine Schwester ist nicht glücklich. Sie hat sich nur in der Ehe arrangiert!"

Plötzlich begannen meine Gedanken zu rasen. Die Worte meiner Schwester trafen mich im Innersten. Sie hatte ausgesprochen, was ich schon lange spürte. Trotzdem war es wie ein Schlag ins Gesicht, geheime Überlegungen plötzlich von außen gespiegelt zu bekommen. Kämpfte ich doch schon seit vielen Jahren für mehr Eheglück.

Carmen bemerkte offensichtlich, dass ich nicht mehr ganz beim Gespräch war. Sie zog sich ins Gästezimmer zurück. Ich legte mich wie betäubt im Wohnzimmer aufs Sofa und kuschelte mich mit meinem Teddy in eine Decke. Meine Gedanken waren in Bewegung. Details meines Lebens tauchten auf, als ob nach dem ersten angestoßenen Dominostein eine lange Kette von Erinnerungssteinen umfiel, die sich als Bilder zeigten.

Ich erinnerte mich: Manchmal waren meine Hilflosigkeit und Verzweiflung in meiner Ehe so groß gewesen, dass ich überlegte, mir das Leben zu nehmen. Da ich aber meine Kinder nicht im Stich lassen wollte, entwickelte sich irgendwann der Gedanke, Timm könnte einfach sterben. Dann würde man mich als Witwe bedauern und ich wäre endlich frei und glücklich. Doch schon wenige Momente später spürte ich die Zuneigung zu meinem Mann und schämte mich für diese schlimmen Gedanken, schob sie schnell beiseite. Denn schließlich sorgte Timm gut für unsere Kinder und mich. Selbst in den schwersten Tagen meiner Depression stand er mir immer stark und treu zur Seite.

Egal, mit welchem Thema ich in den vergangenen 26 Jahren Psychotherapeuten in meiner Not aufsuchte, immer ging es auch darum, einen Weg zu finden, um mit Timm endlich glücklich zusammen sein zu können. Bei diesen Gedanken war ich vor Erschöpfung tief und fest eingeschlafen. Erst nach Stunden wachte ich mit einem undefinierbaren, schlechten Gefühl auf.

Dass Timm und ich unter anderem gerade, weil wir uns liebten, im täglichen Clinch lagen, ahnte ich damals noch nicht.

Wandel 9

Am nächsten Abend vor dem Einschlafen nahm ich dieses neue, sonderbare Gefühl mit an meinen ISO. Diese Emotion entwickelte sich zu einem stacheligen Igel, der Ruhe und Schutz wollte. Er lag regungslos auf der Wiese und genoss die milde Sonnenwärme. Alle anderen Seelenanteile gingen ihren Lieblingsbeschäftigungen nach. Ich konnte diese Situation vom Liegesessel aus ruhig und entspannt beobachten. Ich spürte Vertrauen: Die Dinge würden sich klären.

Die kommenden Tage war ich richtig müde. Da passte es gut, dass meine Schwester wieder zu sich nach Hause fuhr. Die Hausarbeit ging mir nur schwer von der Hand und ich dachte: „Vermutlich agiert der Igel gerade auch am Tage im Innern weiter." Es war schon erstaunlich, wie anstrengend diese innere Arbeit war. Nur gut, dass ich das bereits von Frau Salim wusste. Somit freute ich mich sogar manchmal, wenn ich auch nach den Therapiesitzungen müde war. Denn wenn mein Unterbewusstsein arbeitete, dann heilten ohne große Schmerzen meine alten Wunden. Da war ich inzwischen sehr sicher. Timm kannte solche Tage von mir. Er zog sich dann zurück und je nach Jahreszeit werkelte er im Garten oder arbeitete an seinen Briefmarken. Und ich rutschte ohne große Emotionen durch den Tag.

Wandel 10: Körperliche Reaktionen

Seitdem ich mir meines Arrangements in der Ehe bewusst war, bekam ich immer wieder fürchterliche Heißhunger-Attacken. Dabei war ich total wütend auf mich, weil ich damit schlimme Nächte auslöste, in denen meine Galle schmerzte, mir speiübel war, Schweiß aus allen Poren brach und mich massive Darmbeschwerden plagten. An Schlaf war dann kaum zu denken. Doch ich war ja selbst schuld. Wenn ich nicht so viel gefressen hätte, dann … . Ich schämte mich fürchterlich für mein unvernünftiges Verhalten.

Deshalb rückte ich meiner „Gier nach Essen" am ISO zu Leibe. Und das war auch gut so. Ich konnte meinen Bauch als goldene, strahlende Kugel wahrnehmen. Und ich hörte eine innere Stimme, die sagte: „Ich brauche Raum!"

Vom Terrassensessel aus betrachtete ich diese leuchtende, goldene Kugel entspannt und ließ die Worte nachklingen. Der goldene Ball hatte ausreichend Platz für sich. Ich genoss das Gefühl, Raum zu haben. Alle Seelenanteile, die sonst noch am ISO waren, agierten weiter. Ich spürte meine innere Vielfalt. In diesem Gefühl der Vollständigkeit schlief ich ein.

Diese Bilder meines ISOs trugen mich in den Tag. Ich hatte das Gefühl, alle Denk-Leitungen in meinem Kopf seien belegt. Deshalb war es wieder einmal Zeit, möglichst nur Routinearbeiten nachzugehen.

Ich erkannte: Mit dem „in-mich-hinein-Stopfen" war es so, wie davor mit dem Rauchen. Immer, wenn ich eine Schachtel Zigaretten zu Hause hatte, musste sie auch geraucht werden. Dies schien damals die einzige Möglichkeit zu sein, mir eine Auszeit zu nehmen. Denn Hausfrau und Mutter von zwei kleinen Kindern zu sein, war mehr als eine volle Arbeitsstelle. Ich entspannte buchstäblich beim Dampfablassen. Nachdem ich vor elf Jahren mit dem Rauchen aufgehört hatte, wurde Essen mein Ersatz. Die Gefahr am Alkohol hängen zu bleiben, wie es in meiner Großfamilie vorkam, hatte ich irgendwann erkannt und mied das Teufelszeug fortan. Und da ich nun nicht mehr rauchte und mit dem Trinken nicht beginnen wollte, blieb nur das Essen als Ventil. Und das war mir ja auch vertraut. Denn schließlich war Essen auch das Beruhigungsmittel der Wahl, wenn ich als kleines Kind Unmut und Unruhe zeigte.

Wandel 11: Einem Geheimnis auf der Spur

Mein nächster Übungsabend brachte wieder Veränderungen. Am ISO war es dunkel. Mein Bauch füllte den gesamten ISO aus. Er überdeckte alle Plätze der anderen Seelenanteile. Er drückte auf Beweglichkeit, mutige Aktivitäten, neugieriges Handeln, Intelligenz, Eigensinn, Mäuschen, das versorgt wurde und

zärtliche Berührungen. Es dachte in mir, während ich den ISO von außen be-
trachtete: „Mit all diesen überdeckten Eigenschaften wäre ich im Außen voll-
ständig und rund, ohne Heißhungerattacken haben zu müssen. Da dem nicht
so war, stopfte ich als Ersatz Essen in mich hinein.“

Von diesem Besuch am ISO berichtete ich Frau Salim. „Wenn ich beispielsweise nachmittags den Wunsch habe, Geschirr zu spülen, aber bei
meinem Mann vor dem Fernsehgerät sitzen bleibe, dann startet eine
Fressattacke. Würde ich aufstehen, könnte Timm denken ich liebe ihn
nicht genug, um bei ihm zu sein.“ Die Denkschleife ging weiter: „Dann
ist er böse mit mir. Deshalb esse ich, statt meine Hausarbeit zu erledigen. Dabei komme ich unter Stress, weil ja die nachmittägliche Hausarbeit alleine in den Werbepausen nicht zu schaffen ist.“

Frau Salim gab mir zu verstehen, dass ich in der Fernseh-Situation in
kindliches Verhalten rutschte. Um Liebe, Wärme und Versorgung zu
bekommen, hatte ich als Baby erlernt, wie ich zu sein hatte, um möglichst viele meiner Bedürfnisse erfüllt zu bekommen. Ich wurde zu der,
die ich sein sollte: ein liebes gehorsames Kind. Was für mich als Baby
überlebensnotwendig war, war im erwachsenen Leben in diesem Fall
behindernd.

Ich war aus irgendwelchen Gründen also noch immer die, die meine
Eltern in mir sahen und haben wollten. Doch ich hoffte, dass mir Frau
Salim auch dabei helfen konnte, ich selbst zu werden. Doch wer war ich
wirklich? Wie konnte ich zu mir und meinen Wünschen und Bedürfnissen stehen, ohne andere zu verletzen?

Durch das Therapiegespräch gestärkt, wagte ich, mit Timm über mein Fernseh-Problem zu sprechen. Ich erklärte ihm, dass ich oft lieber etwas im Haushalt erledigen würde, als tatenlos da zu sitzen und fernzusehen. Die Reaktion meines Mannes überraschte mich total. Er fand es völlig in Ordnung, wenn ich nicht immer bei ihm säße, sagte er zumindest. Er hätte es eh komisch gefunden, dass ich bei ihm saß und er spüren konnte, dass ich gar nicht anwesend war. Das hätte ihn unsicher gemacht. Doch auch er hatte, wie ich, geschwiegen. Ich fragte mich, ob er womöglich auch Angst hatte, etwas falsch zu machen?

Diese Gesprächserfahrung machte mir Mut. Da hatte ich alles recht machen, brav sein und gefallen wollen, ohne dass es erwartet wurde. Gleichzeitig war ich von dem feinen Gespür meines Mannes überrascht. Befreit konnte ich künftig entscheiden, was ich am Nachmittag tun wollte, auch wenn ich zu Beginn immer wieder Rückfälle hatte. Heute habe ich die freie Wahl. Ich kann besser darauf achten, was ich konkret brauche, um glücklich zu sein. Vielleicht hatte unsere Ehe doch eine Chance. Erneut keimte Hoffnung in mir auf.

Wandel 12: Eskalation am ISO

Nach diesem befreienden Gespräch suchte ich abends zuversichtlich meinen ISO auf. Vielleicht war ja die Dunkelheit durch meinen Kugelbauch schon verschwunden. Doch was dann dort geschah, erahnte ich nicht einmal annähernd.

Ich fand meinen ISO in völliger Finsternis vor. Der schwarze Bauch füllte immer noch alles aus und ich hörte eine neue Stimme die sagte: „Ich bin die Gier nach Leben! Du bist schon lange tot! Du hättest dich bei den ewigen Problemen mit deinem Mann schon längst von ihm trennen müssen. Doch du bist geblieben und ein zweites Mal gestorben."

Ich war geschockt und wie gelähmt, ins Hier und Jetzt zurück katapultiert. Nach diesen Worten war an Schlaf nicht mehr zu denken. Eine unruhige Nacht folgte, in der ich tiefe Verzweiflung, Traurigkeit, Unsicherheit und eine große Angst spürte. Szenen unserer Ehe blitzten auf, Dramen, wie ich fand. Ich weinte leise vor mich hin, denn ich wollte in diesem Moment nicht von Timm angesprochen werden. Ich wollte bei mir bleiben, nachforschen und spüren.

Hatte ich bisher in meiner Ehe wirklich so gelitten? War ich durch meine seelischen Verletzungen zu keiner körperlichen Liebe fähig? Litt ich heute noch unter den von meinen Vorstellungen abweichenden, trotzdem gelebten, ehelichen Pflichten? Etwas brodelte weiter in meinem Innern. Irgendwann damals, als ich unsere schlimmste Ehekrise nicht mehr ausgehalten hatte, begann ich zu trinken und rutschte in eine noch tiefere Depression. Ich plante, mir das Leben zu nehmen. Denn eine Mutter und Ehefrau wie ich konnte ja nur eine Last für die ganze Familie sein. Doch immer, wenn ich mich von meinen schlafenden Kindern verabschieden wollte, siegte meine Liebe zu ihnen. Dann trank ich noch mehr Whisky. Irgendwann reichte mir mein Quantum Alkohol nicht mehr als Entlastung. Ich begann, zusätzlich exzessiv zu rauchen.

Das gab mir das Gefühl von Selbstbestimmtheit. Gleichzeitig plante ich damit meinen schleichenden Tod, der erst dann eintreten würde, wenn unsere Kinder erwachsen wären. Niemand hätte so je von meinen Selbstmordabsichten erfahren und sich schuldig gefühlt.

Mein erster Tod war vermutlich der Mord an meiner Kinderseele mit fünf Jahren gewesen. Und das zweite Sterben hatte wohl in der extremen Ehekrise stattgefunden. Doch zur Zeit der Traumatherapie war diese dramatische Phase der Ehe längst vorbei. Mein Mann hatte danach, als mein Kindheitstrauma ans Tageslicht drängte, treu, achtsam und verständnisvoll an meiner Seite gestanden. Er war immer für mich dagewesen und hatte seine Bedürfnisse hintangestellt. Sollten dadurch meine schlechten Gefühle aus der Krisenzeit nicht längst getilgt sein? Doch schon allein der Gedanke an diese Krisenzeit versetzte mich in Panik.

Während der Traumatherapie erkannte ich, dass mein Mann in seiner eigenen inneren Welt lebte. Er schien Angst zu haben, über sich zu sprechen, wich meinen Fragen darüber aus. Wie es ihm wohl wirklich ging? Ich fühlte mich aus seinem Leben ausgeschlossen und einsam. War es normal, wenn Timm seine eigene innere Gedankenwelt hatte und er in Männermagazinen blätterte? Wo war meine Toleranz? Machte ich wieder einmal aus einer Mücke einen Elefanten? Warum fühlte ich mich durch sein Tun gedemütigt, unter Druck gesetzt, zutiefst verletzt, angewidert, als ob ich jetzt noch einmal sterben würde? Musste ich nun aus der Ehe gehen?

Andererseits war und ist bis heute die Familie mein größtes Heiligtum. Schon als Kind hatte ich geschwiegen und mich für den Familienfrieden in mein Schicksal gefügt. Und wenn ich jetzt vielleicht nur noch ein wenig durchhalten musste, um mein Eheglück zu finden, dann wäre mein bisheriges Durchhalten für die Familie nicht vergebens gewesen. Vielleicht war es ja bei meinem Problem so wie bei einer Geburt: Wenn man denkt, man habe wirklich keine Kraft mehr, dann ist es gleich geschafft. Man hält das Baby in den Armen.

Nach Tagen des Grübelns tauchte ich langsam wieder aus meinem Gefühlschaos auf. Meine Gedanken waren klarer geworden und meine Emotionen verwandelten sich in Wut. Wut auf meinen Mann und Wut auf mich selbst. Ich spürte, wie sich mein Schmerz in Kampfgeist wandelte. Diesen kannte ich schon. Er tauchte schon einmal auf, als ich mit 41 Jahren erkannte, was mir in der Kindheit geschehen war. Da hörte ich oft: „Oh, du Arme! Da wirst du nie wieder rauskommen! Der Schmerz bleibt ein Leben lang." Ich begann das Gegenteil zu beweisen, was seinen Ausdruck in meinem ersten Buch „Nicht allein"[11] fand. Diese Beweisführung –„auch dieses Trauma kann man überleben" –, war mein rettender Strohhalm in der ersten, schlimmsten Bewältigungsphase meiner Vergangenheit gewesen. Und nun – in meiner Traumatherapie –wollte ich mich mit meinem inneren Tot-gesagt-Sein nicht

---

[11] Christine Striebel: „Nicht allein. Unterstützung von Betroffenen sexueller Gewalt", Engelsdorfer Verlag Leipzig, 19. Januar 2010

identifizieren und abfinden. Jetzt würde ich erst recht mein Leben in die Hand nehmen!

In der nächsten Therapiestunde musste ich unbedingt mit Frau Salim über mein früheres Ehedrama sprechen, egal wie sehr ich mich auch für mein angepasstes und gefügiges Leben in der Vergangenheit schämte. Ich musste preisgeben, wie ich mich damals fühlte: gedemütigt, entwürdigt, unterdrückt, nicht wahr- und ernstgenommen, unverstanden, einsam und wie ein Stuhl benutzt. Ich war verheiratet und fühlte mich gleichzeitig durch das Schweigen meines Mannes aus seinem Leben ausgeschlossen, einsam. Frau Salim musste das wissen. Denn wie sollte sie sonst verstehen, wie sehr sich meine Seele immer wieder neu verletzt fühlte, ich ganz tief innen litt. Ich konnte mir selbst nichts mehr vormachen. Die Büchse der Pandora, des Vergessens, hatte sich erneut geöffnet.

Nachdem ich meiner Therapeutin mit gesenktem Blick von der Ehekrise berichtet hatte, stellte ich die bange Frage: „Bedeutet das alles, dass ich mich jetzt von meinem Mann trennen muss oder ich muss unsere extremen Spannungen weiter aushalten?" Frau Salim hatte mir schweigend zugehört. Ich spürte ihre Anteilnahme, sah ihren fürsorglichen Blick. Ich war erleichtert. Meine Therapeutin schien mich nicht zu verachten und machte auch keine Anstalten, mich für meine Empfindsamkeit zu tadeln. (Ich weiß das liest sich komisch. Doch damals dachte ich so!)

Auch wenn ich keine direkte Antwort von Frau Salim bekam, hing ich an ihren Lippen und lauschte ihren Erklärungen. Und allmählich begann ich, meine Ehesituation noch besser zu verstehen. Ich war zurzeit besonders dünnhäutig und im vergangenen Trauma-Geschehen gefangen. Meine Seele setzte offensichtlich meinen Ehemann Timm mit Mann gleich. Und Mann war Täter. Deshalb war es fast egal, was Timm machte, ich sortierte es in mein Bild von einem Täter ein. So wurde ich durch seine Worte, Gesten und sein Verhalten an meine alten Verletzungen erinnert. D.h. durch diese Trigger[12] wurde ich in dramatische Situationen meiner Kindheit und Jugend zurückkatapultiert. Ich spürte in diesen Momenten den Schmerz und die Scham des verletzten Kindes. Alle Gedanken und Gefühle waren dann wie damals. Ich war dann nicht mehr im Hier und Jetzt. Ich spürte und erlebte Vergangenes.

Durch diese Denkweise erschuf ich bereits im Vorfeld die Realität für meine Weltsicht. Ich nahm wahr, was ich erwartete. Als ich diese Erkenntnis in meinem Therapietagebuch entdeckte, erinnerte ich mich an eine andere Begebenheit mit gleichem Ergebnis.

Wie Weltsicht Realität erschafft

Es war lange vor der Traumatherapie. Nachdem ich begonnen hatte, meine Vergangenheit zu erinnern, sehnte ich mich zunehmend nach der Liebe meiner Mutter. Und ich dachte, dass mich diese ja nicht geliebt

---

[12] Trigger sind Auslöseimpulse für spontanes, erlerntes Verhalten.

haben konnte, weil sie in der Familie diese schlimmen Dinge geschehen ließ. Als meine Mutter verstarb, ließ sie mich mit diesem Gefühl der Sehnsucht zurück.

Ein paar Jahre später ordnete ich meine Habseligkeiten für einen Umzug. Dabei fielen mir viele kleine in Leinen gebundene Büchlein in die Hand. Diese hatte ich zu besonderen Anlässen von meiner Mutter geschenkt bekommen. Zum ersten Mal warf ich einen Blick hinein. Sie enthielten von Hand geschriebene Gedichte und Gebete in der Schrift meiner Mutter. Zu ihren Lebzeiten hatte ich diese Geschenke angenommen, ausgepackt und ungelesen beiseite gestellt. Nun begann ich, darin zu blättern. In wunderbarer Handschrift, trotz schmerzhaften Rheumas in den Händen, hatte meine Mutter ganz individuelle Texte für die geliebte Tochter, mich, zusammengetragen und aufgeschrieben. Ich spürte plötzlich, wie sich die bisherige, trennende Glaswand, die zu Lebzeiten zwischen meiner Mutter und mir vorhanden gewesen war, auflöste. Ich fühlte in diesem Moment Mutterliebe, Wärme und ihr riesengroßes Herz für mich. Denn die Texte hatten alle etwas mit mir zu tun.

Die Freude über diese Schätze wurde dadurch getrübt, dass ich unendlich traurig wurde, weil ich so lange die Mutterliebe nicht hatte spüren können. Ich hatte immer nur gesehen, was ich zu sehen erwartete. Trotzdem gab es bis zum Tod meiner Mutter jedes Jahr zum Geburtstag und zu Weihnachten ein neues Büchlein. Dieses Mischgefühl von über-mäßigem Glück einerseits, Trauer und Schuldgefühlen andererseits begleitete mich lange.

Eines Abends, als ich im Bett Entspannungsübungen machte, nahm ich Kontakt mit meiner Mutter auf. Ich sprach innerlich mit ihr über meine Gefühle und die Traurigkeit, über die vielen verpassten Chancen ungelebter Glücksmomente. Darüber schlief ich ein.

Als ich dann am nächsten Morgen erwachte, dachte ich, dass ich jedes Mal, wenn ich ein Büchlein in die Hand nahm, von meiner Mutter Streicheleinheiten bekam. Auch heute noch spüre ich beim Lesen von Mutters Zeilen das Streicheln ihrer zarten Hände und höre ihre Stimme, die mir sagt: „Ich liebe dich, mein Kind!"

Dieses Ereignis, lange vor der Traumatherapie, war ein Schritt Richtung Heilung.

Ein Erklärungsversuch

Doch zurück zum Thema Eheprobleme. Durch meine Vorstellungen, wie die Welt ist, mein Tun, meine Glaubenssätze und meine Erfahrungen, erschuf ich meine Lebensdramen unbewusst immer wieder neu. Ich beurteilte unbewusst mein aktuelles Leben aus der Sicht meiner bisherigen Erfahrungen heraus und sortierte Neues in Altbekanntes ein. Ich erkannte in aktuellen Situationen die alten Konflikte. Zurzeit handelte ich unbewusst immer noch so, als ob ich alles tun müsste, damit mein Mann mich liebte. Und ich versuchte, das zu tun, was Timm meiner Annahme nach erwartete und wurde dafür getadelt. Wenn er mich anmeckerte, dachte ich, dass ich noch mehr tun müsse, um geliebt zu werden. Ich nahm meine Wünsche und Bedürfnisse weiter zurück.

Mein Bauch machte mich deutlich darauf aufmerksam, welchen Schutz und Raum meine Seele brauchte, um gesund werden zu können. Ich folgerte: Wenn ich mit meinem Erahnen der Bedürfnisse anderer so oft danebenlag, dann konnte ich auch das tun, was ich mochte. Das Ergebnis wäre schlimmstenfalls das Gleiche. Doch mir ginge es wenigstens gut, weil ich mir treu blieb.

Frau Salim bestätigte mir, dass ich einen genialen Bauch hätte, der hilfreiche Gedanken in mir auslöste. Gleichzeitig signalisierte sie mir, dass ich darauf vertrauen durfte, mein wahres Selbst zu finden.

Ich dankte meinem Bauch für seine Unterstützung und bekam von ihm zur Antwort: „Was dir passiert ist, darfst du auch ausdrücken. Denn Gefühle sind weder gut noch böse. Sie sind! Das was du getan hast und was war, ist vorbei. Nun darfst du auf dich achten."

Neben der Zuversicht nahm ich auch meine Traurigkeit wahr. Denn Timm wusste doch, wie sehr ich seit Jahren um unsere Ehe kämpfe. Und was tat er? Er schien das Ganze einfach auszusitzen. Doch Frau Salims Ausführungen ließen mich auch erkennen: Mein Mann hatte seinen eigenen Weg mit Stress und seinen Problemen umzugehen. Ich konnte ihn zu keiner Therapie zwingen. Denn was brächte eine Therapie ohne

Einsicht und den Wunsch, etwas zu ändern? Nichts. Das einzige, was ich tun konnte, war ganz klar zu formulieren, wie ich unsere Ehesituation empfand und dass ich eine Eheberatung als unsere letzte Chance sah.

Ich hatte Angst davor, meine Gedanken so klar zu äußern, denn Timm fühlte sich bisher bei Gesprächen, in denen ich meine Not in unserer Ehe beschrieb, stets angegriffen. Er ergriff dann die Flucht oder schlug vor, sich am besten gleich umzubringen.

Um dieses Problem zu umgehen, erarbeitete Frau Salim mit mir Gesprächsregeln. Die erste Regel war, mit „Ich-Botschaften" zu arbeiten. Ich sollte nicht sagen: „Deine Art, so laut mit mir zu sprechen, ist schrecklich.", sondern in einer ruhigen Minute das Thema ansprechen und darauf hinweisen: „Ich wünsche mir, dass wir etwas leiser miteinander sprechen. Laute Worte machen mir Angst."

Als nächstes sollte ich meine Wünsche in der Ehe benennen. Dabei entdeckte ich erneut, wie sehr ich darauf trainiert war, die Bedürfnisse meines Gegenübers zu erkennen und zu erfüllen, sodass wenig Raum für eigenes Interesse blieb. Das wollte ich ändern. Doch was wollte ich? Ich hatte keine konkrete Vorstellung davon. Es gab nur Unmut und Sehnsucht nach etwas Unbekanntem. Dank Frau Salims Fragegeschick fand ich dann doch ein paar Wunsch-Sätze, die ich in meinem Therapietagebuch fixierte. Das war ein Anfang.

„Ich bin traurig und verletzt, wenn ich das Gefühl habe, dass ich aus deiner Welt ausgeschlossen bin. Es ist mir wichtig zu wissen, wie es dir geht."

„Ich möchte spüren können, dass ich geliebt werde. Ich kann es fühlen, wenn ich gefragt werde, ob ich einen Tee haben möchte, wenn ich krank bin. Und wenn ich wieder gesund bin, dann möchte ich sehen, dass das Geschirr gespült und aufgeräumt ist."

Ein glücklicher Zufall

Mit etwas Abstand zu Hause fragte ich mich: Wo war meine Dankbarkeit, dass es Timm mit so einer komplizierten Frau wie mir so lange aushielt? Wo war das Anerkennen, dass er mich stets zur Therapie und anderen Terminen fuhr und wieder abholte? Ob ich die Erlebnisse meines Alltags falsch beurteile? Sahen mein Bauch und ich nur noch das Schlechte in Timm? Wo war meine Anerkennung dafür, dass er fleißig arbeitete, die Kinder und mich finanziell gut versorgte und zuverlässig war? Wo war die Dankbarkeit für seine Fürsorge und Aufmerksamkeit? Was lief falsch? Ich wollte doch einfach nur glücklich mit meinem Mann sein, doch ich spürte nur, wie ausgepowert und müde ich vom Kämpfen war.

In meinem Kopf war ein Knäuel wirrer Gedanken, Kontraste, die größer nicht sein konnten. Denn trotz meiner Sehnsucht nach Eheglück, verspürte ich immer weniger den Wunsch, meine Ehe zu retten. Und manchmal schlich sich sogar der Gedanke ein: Wenn mein Mann tot wäre, dann könnte ich zu leben beginnen. Oder: Ich verlasse meinen Mann. Denn er versteht meinen Veränderungswunsch nicht. Er ist der Meinung: „Bei uns ist alles in Ordnung!" Und wenn ich eines hasste, dann war es genau dieser Spruch. Bereits in der Kindheit hatten mich diese Worte fast um den Verstand gebracht. Denn in meiner Herkunftsfamilie war vieles nicht in Ordnung! Trotzdem sagte mein Vater stets: „Bei uns ist alles in bester Ordnung!"

Es wurde ein schweigsamer Tag, an dem ich mich verwirrt zurückzog und wahllos in Zeitschriften blätterte. Ich fühlte mich unverstanden und verstand mich selbst auch nicht mehr. Mein Kopf und meine Gefühle waren in chaotischem Ausnahmezustand. Ich brauchte Zeit für mich. Und ausgerechnet da fragte mich Timm doch tatsächlich, wie es mir ginge. Ich platzte heraus und schleuderte Worte meiner Wut, meiner Not und Traurigkeit wie Pfeile auf ihn ab. Ich schrie, dass ich diese Situation nicht mehr aushalten könne und wolle.

Dieses Mal gelang es mir erstmals, Timm verständlich und fühlbar klar zu machen, was mit mir los war. Ich war bereit ihn zu verlassen. Ich konnte seine schockartige Starre sehen. Er wollte an sich arbeiten, versprach er mir. Doch ich hatte keine Ahnung, ob ich das noch glauben konnte. Zu oft hatte ich diese Worte schon gehört, ohne dass eine Veränderung auf Dauer eingetreten wäre. Und ein Gesprächsangebot von Frau Salim für eine gemeinsame Aussprache hatte Timm nicht angenommen.

Auch wenn ich völlig erschöpft war, fuhren wir am Nachmittag zu einem Vortrag von Robert Betz[13]. Unser Sohn Oliver hatte uns dazu eingeladen. Das Thema lautete: „Was stützt dich von innen, wenn alles andere weg bricht? – Innere Stabilität in Zeiten äußeren Umbruchs".

Wie in Trance, gedopt mit meinen Notfallmedikamenten, saß ich im Hörsaal, als Worte von Robert Betz zu mir vordrangen, mein Herz berührten. Meine Aufmerksamkeit war geweckt. Ich lauschte den Ausführungen und nickte dabei immer wieder zustimmend.

Das Thema konnte nicht passender sein. War das ein Zufall, ein Rettungsanker, der uns zugeworfen wurde? Denn der Vortrag schien nur für Timm und mich gehalten zu werden.

Ich notierte, was ich aufnehmen konnte: Kinder kommen in die Welt mit offenem Herzen, strecken den Erwachsenen ihre Ärmchen entgegen. Sie sind ohne jegliche Vorurteile. Doch dann entdecken sie, dass sie Liebe nicht umsonst, sondern nur gegen Auflagen bekommen. Hieraus entsteht leicht der Rückschluss: Mit mir stimmt etwas nicht. Daraus folgert das Kind: Ich muss besser werden. Ich muss mich mehr anpassen.

In einer liebevollen Erziehung bekäme das Kind gespiegelt: Du bist genau so richtig wie du bist. Du bist wundervoll! – Das war wohl bei meinem Mann und mir selbst weniger so gewesen.

---

[13] R. Betz ist Transformationstherapeut und Coach. Meine Aufzeichnungen entstanden in seinem Vortrag und sind meine Interpretation seiner Worte. Es ist das, was mich zum Mitschwingen brachte.

Heute, als Erwachsene, beginnen wir unsere Reise, um zu erkennen, wer wir wirklich sind. Wir forschen nach: Welches sind unsere wahren Werte, die wir leben möchten?

Das war genau mein aktuelles Thema. In mir entstand der Gedanke: Ich habe die Schöpferkraft für mein Leben. Denn das, was ich unbewusst erschaffen hatte, das konnte sich auch bewusst in Richtung meines Herzens bewegen. Auch ich hatte das Privileg, über meine Eltern hinauszuwachsen und gleichzeitig ihr Erbe zu ehren. Denn alle Eltern geben das, was sie geben können, ihren Kindern. Ob dies das Beste für die Kinder ist, ist eine andere Frage.

Ohne uns anzusehen, griffen Timm und ich immer wieder nach der Hand des anderen, um sie festzuhalten. Es fühlte sich für mich so an, als klammerten sich zwei Ertrinkende aneinander. Und irgendwie begann sich meine Not als unsere gemeinsame Not anzufühlen. Die Uhr stand auf fünf vor zwölf für eine lebensverändernde Entscheidung.

Noch weitere Erkenntnisse durfte ich aus dem Vortrag von R. Betz mitnehmen: Wir heilen durch die Kraft der Liebe. Alle Gefühle dürfen entstehen. Auch unerwünschte Gefühle, die wir erschaffen haben, müssen wir liebevoll annehmen, um sie dann wandeln zu können.

In unseren Seelen waren Timm und ich immer noch hungrige, bedürftige Kinder in Körpern von Erwachsenen. So gingen fast alle Menschen auf Partnersuche. Der Mann musste die Frau finden, um anzukommen. Männer sind die Macher. Frauen wollten überleben, d.h. gerettet und erobert werden. Beide mussten jemanden finden, um festzustellen, dass sie sich selbst noch nicht gefunden hatten. So ist jede Beziehung ein Stück Weg auf der Reise zu uns selbst.

Eine glückliche Frau ist begeistert von sich. Sie ist die Erde und dreht sich um sich, wie eine Ballerina. Sie muss ihre Schönheit bewundern, um zu sein. Der Mann ist die Sonne, der Beleuchter. Er bestrahlt die von ihm gemachte Struktur.

Um glücklich zu sein, muss sich jeder in seinem Inneren „rund" machen. Jedes Herz weiß, was es zum Singen bringt!

In einer Partnerschaft gibt es daher drei Wege:

1. der Mann geht seinen Weg
2. die Frau geht ihren Weg
3. beide gehen zusammen ihren gemeinsamen Weg.

Dies bedeutet zugleich, dass wir in einer glücklichen Partnerschaft auch den Abstand zueinander würdigen müssen. Erst dadurch wird es in einer Beziehung möglich, auch die Beobachterrolle einzunehmen, um Interessantes und Neues in die Liebe einbringen zu können.

Dieser Vortrag hatte mich noch mehr aufgewühlt als ich es vorher schon war. Denn er hatte so viel Wahres in sich. Wir, als Paar, waren das Paradebeispiel für die Kinder im Erwachsenenkörper. Und so hatten wir uns auch kennengelernt. Timm wollte damals ein Zuhause und ich wollte weg von zu Hause. Gesucht und gefunden!

Timm und ich tauschten uns abends noch kurz über den Vortrag aus, ohne konkret Bezug auf uns zu nehmen. „Alles muss sacken", dachte ich. Denn ich war viel zu erschöpft vom Tagesgeschehen.

Am nächsten Tag kam Timm von sich aus auf mich zu und entschuldigte sich dafür, was er mir in den vergangenen Jahren zugemutet hatte. Es sei ihm nicht bewusst gewesen, wie schlimm sein Verhalten für mich gewesen sein musste.

Ich bot Timm daraufhin noch einmal an, mit mir zu Frau Salim zu gehen. Denn ich sah das als Chance für einen Neuanfang. Doch Timm lehnte weiter ab. Für ihn seien unsere Eheprobleme mit diesem Gespräch erledigt. Ich war sehr traurig. Denn oft hatte Timm gesagt, er ginge mit mir zu einem Therapiegespräch. Und nun machte er einen Rückzieher. Da ich in diesem Moment zu verletzt war, konnte ich meinen Mann nicht fragen, was ihn hinderte, gemeinsam mit Frau Salim zu sprechen. Mein Darm geriet außer Kontrolle.

Trotzdem spürte ich auch, wie gut mir Timms Entschuldigung getan hatte. Denn sie war ehrlich gemeint, da war ich mir ganz sicher. Doch was nützte das, wenn Timm sich nun wieder in sein Schneckenhaus zurückzog und keine vermittelnde Hilfe von außen annehmen wollte. Wie gerne würde ich unsere täglichen Konflikte und möglichen Missverständnisse doch noch lösen wollen. Denn dieses Umklammern unserer Hände beim Vortrag ließ mich diese tiefe gemeinsame Sehnsucht nach dem **Wir** spüren.

Alleingelassen in meiner Not, wollte ich unsere Eheprobleme nochmals aus anderem Blickwinkel betrachten. Ich wusste, dass jedes Verhalten eine positive Absicht für den Handelnden hat, auch wenn der Weg manchmal ungünstig war. Folglich mussten unsere Ehestreitigkeiten auch einen guten Zweck erfüllen. Nur welchen? Da mir keine verstandesmäßige Erklärung einfiel, gab ich diese Frage an mein Unterbewusstsein weiter.

Hieraus ergaben sich weitere spannende Gedanken: Wenn jedes Verhalten eine positive Absicht hatte, dann musste auch mein Verhalten in den Ehekonflikten einen positiven Zweck haben. Das bedeutete, dass auch ich meinen Beitrag dazu leistete, dass unsere Ehe so lief wie sie lief. Doch worin bestand dieser Anteil? War es „nur", dass ich in ihm einen „Täter" sah?

In all unseren Ehejahren hatte ich brav meine ehelichen Pflichten erfüllt. Ich hatte gedacht, dieses funktionale Verhalten wäre völlig normal und in Ordnung, auch wenn ich während des Liebens gedanklich Einkaufszettel schrieb oder meinen Tag plante. Schließlich kannte ich „Liebe machen" damals nicht anders. Doch eine Marionette im Bett zu haben, war sicherlich nicht prickelnd für Timm gewesen. Ich fühlte, dass mir auch in der Liebe die Begegnung von Herz zu Herz fehlte. Dies war wohl auch eine Ursache für den täglichen Kleinkrieg in der Ehe: Fehlende Emotionalität.

Die Trauma-Therapie ließ mich meine Sehnsüchte entdecken und Verdrängtes auftauchen, was die Ehekonflikte verstärkte. Sollte nun die

Zeit der Scheidung kommen, oder gab es noch eine Chance, aus diesem Teufelskreis des „Ehedrama-Provozierens" auszusteigen? Dass die Antwort auf diese Frage irgendwann, völlig unerwartet unsere Ehe retten würde, ahnte ich damals noch nicht.

Wandel 13

Nach Tagen, an denen mir der ISO wegen innerer und äußerer Unruhe versperrt war, fand ich wieder Zugang zu ihm.

Im Mittelpunkt des Gartens tauchte eine dunkle Frau auf. Sie war von schwarzen Tüchern umhüllt. Um sie herum war eine nur luftdurchlässige Seifenblase. Nichts war von ihrem Körper zu sehen. Ein Engel stand schützend links neben ihr. Sie bewegte sich zur hintersten rechten Ecke des inneren, sicheren Ortes. Dort gestaltete sie ihre Insel neben dem Bunker. Ich fühlte und hörte die Frau. Sie sagte: „Wenn der Arsch nicht bald spricht, hat er Pech gehabt. Schock wegen möglicher Trennung hin oder her!"

Am nächsten Morgen fragte ich mich, ob ich die harten Worte vom ISO auch im realen Leben dachte. Timm und ich waren sicherlich mit extremen Altlasten in unsere Ehe gegangen. Wir dachten unbewusst, der andere heile diese Wunden durch seine Liebe. Doch das war unmöglich, das wusste ich jetzt. Und so lange wie Timm nicht wirklich mit mir sprach, sich mir zeigte, blieb er für mich das unbekannte Wesen, das mich weiter ängstigte, weil es unberechenbar war. Denn all seine ange-

stauten unguten Gefühle bahnten sich dann, ausgelöst durch Kleinigkeiten, ihren Weg nach außen. Er schrie, schleuderte mit für mich ag-
gressiven Worten um sich, wollte den Koffer packen und ausziehen.

Trotz des Vortrags konnte ich keine Veränderung bei Timm wahrnehmen. Und wenn ich ihn fragte, wie es ihm gehe, dann sprach er wie
bisher über das Wetter. Ich spürte: Timm war sich der kritischen Situation bewusst. Doch er schwieg, egal wie sehr ich ihn nach seinen eigenen Gedanken und Gefühle fragte. Was war seine positive Absicht da-
hinter? Weshalb konnte er sich seiner Frau nicht anvertrauen?

Um nicht ständig an unsere Konflikte denken zu müssen, nutzte ich immer wieder meine Tresor-Dusche. Alle Ängste, Traurigkeit und Befürchtungen spülte ich dann gedanklich mit der Dusche in den Abfluss.
Doch nach kurzer Zeit schafften es diese Gefühle erneut aufzutauchen.
Ich bekam Atemnot. Und wieder war mein ISO verschlossen.

Besorgt fragte ich nach innen, was los sei. Da hörte ich gedanklich die Antwort:
„Der schwarzen Frau geht es so schlecht, dass es dich erneut töten würde, wenn
du das aushalten müsstest. Deshalb bleibt der innere, sichere Ort erst einmal
geschlossen."

Nachdem ich das gehört hatte, waren meine Beklemmungen kaum
noch auszuhalten. Doch dann erinnerte ich mich an den Hinweis von
Frau Salim, dass die Seelenwesen am ISO heilten. Die schwarze Frau
wollte mich mit ihren Sorgen nicht belasten. Wenn sie dort heilte, wollte

ich diese Ansage akzeptieren. Obwohl ich unsicher war, ob auch eine so traumatisierte Frau würde heilen können.

Wieder startete ich einen Versuch, mit Timm über meine Gefühle und Gedanken zu sprechen. Ich berichtete ihm von der seelisch schwer verletzten, schwarzen Frau, die ich war. Ich erklärte ihm, wie sehr diese an meinem ISO litt. Timm starrte mich sprachlos an. Er vergaß die Flucht oder seinen sonst üblichen Satz: „Soll ich mich gleich umbringen, damit du mich endlich los bist?"

Er sagte: „Ich stehe unter Schock, weil du mich verlassen willst. Gerne würde ich über Gefühle sprechen. Doch ich konnte mich früher niemandem anvertrauen. Deshalb habe ich immer alles mit mir alleine ausgemacht. Ob ich das ändern kann, weiß ich nicht." Auch wenn es mich schockierte, wie genau Timm meine Trennungsgedanken lesen konnte, so glücklich war ich, etwas über ihn zu erfahren. Seine Worte berührten mich tief in meinem Herzen. Er war mir plötzlich so nah. Wortlos nahm ich ihn in meine Arme und genoss diese Verbundenheit. Sie rührte mich zu Tränen. Ich brauchte genau diesen Austausch wie die Luft zum Atmen. Denn wie konnte ich mich immer und immer wieder schwach zeigen, wenn er so stark und unnahbar war? Ob wir nun einen gemeinsamen glücklichen Weg finden würden? Meine Hoffnung bekam wieder Nahrung.

Beim nächsten geglückten Aufenthalt am ISO sprach mich die verhüllte Frau von ihrer abgegrenzten Insel aus an. Sie rang mir das Versprechen ab, nichts über sie auszuplaudern. Erst nach dieser Versicherung durfte ich in meinem

Ohrensessel Platz nehmen und ihr zuhören. Alle anderen anwesenden Seelen-
anteile waren aktiv. Ich entspannte und schlief ein.

Wandel 14: Ein besonderes Geschenk

Zwischen Timm und mir lief es nach dieser Annäherung recht gut. Wir
gingen achtsamer miteinander um. Doch meine Angst vor einem Rück-
schlag blieb. Diese Anspannung drängte mich zu einer Süßigkeiten-Or-
gie. Ein früherer Tipp von Frau Salim, vor dem Essen zu überlegen, was
für ein Gefühl ich in dem Startmoment hätte und dieses auch zuzulassen, funktionierte dieses Mal nicht. Die Anspannung war wohl zu groß.
Auch diese besondere Angst wollte ich an den ISO bringen.

Meine Kreativität hielt dort eine besondere Überraschung für mich bereit. Ent-
spannt lag ich im Sessel und bat die Angst vor Verletzung und Enttäuschung
zu mir. Vor meinem inneren Auge taucht eine Sanduhr auf. Durch sie rieselte
feiner, goldener Sand. In mir entstanden Gedanken wie: „Die Sanduhr ist das
Symbol für meinen Körper. Und alles was ich esse, ist gesund, edel und kostbar.
Lebensmittel sind kostbar und ich bin kostbar. Für mich gibt es nur noch wert-
volles, genussvolles Essen, das langsam, ohne Gier durch meinen Körper gelei-
tet wird."

Am nächsten Tag dachte ich immer wieder an die Sanduhr und genoss
das Gefühl des inneren Friedens. Mit dieser Vorstellung sollte ich die
nächste Zeit meine Heißhungerattacken verhindern können. Denn
wenn ich wertvoll war und meine Seele satt, konnte sie niemand verlet-

zen. Glücklich erzählte ich Timm von der Reaktion auf meine Fressattacken am ISO. Irritiert fragte er: „Weshalb brauchst du so einen Blödsinn? Du musst dich einfach beherrschen. Das mache ich auch so!"

Da fiel meine Tür der Hoffnung auf Verständigung erneut zu. Wieso konnte er nicht erkennen, wie sehr mich solche Aussprüche verletzten? Hatte ich ihm das nicht schon 1000 Mal gesagt? Hatte er mir nie zugehört? Oder sprach ich eine fremde Sprache? Die Ehe-Achterbahn hatte ein neues Tief erreicht. Ich verstummte und begann zu fressen. Ich tat das, obwohl ich wusste, dass ich dann in der kommenden Nacht wieder schweißnass mit Magen-Darmproblemen im Bett liegen würde. Doch ich war so unendlich traurig, dass ich meinen Schmerz fast nicht mehr aushalten konnte.

Therapiemonat 9 – 12

Es musste etwas passieren. Doch vorerst übte ich den schweigsamen Rückzug. Die Post brachte den Schirner-Katalog[14]. Beim Schmökern blühte ich auf. Ich tauchte ein in eine Welt der wunderschönen Bilder, zarten Farben und berührenden Texte. Wieder spürte ich diese tiefe Sehnsucht nach Gedankenaustausch und Sich-verstanden-Fühlen. Waren meine Wünsche, Bedürfnisse und Sehnsüchte normal? Es schien so, denn jetzt hielt ich einen Katalog in Händen, der offensichtlich für Sonderlinge wie mich gedruckt wurde. Dann war ich vielleicht doch kein so seltenes Wesen? Denn wer würde schon einen Katalog nur für mich allein drucken?

Am Nachmittag kam mein Mann zu mir in die Küche und fragte, was er helfen könnte. Da mein einziger Wunsch ein Gespräch war, versuchte ich nochmals Timm meine Übung mit dem ISO zu erklären. Dabei erfuhr ich, wie sehr Timm verunsichert war. Wie groß seine Angst war, dass ich mich durch die Therapie in viele Persönlichkeiten aufgespalten hätte. Er wisse gar nicht mehr, wie er mit mir umgehen solle, berichtete er.

Da ich diese Befürchtung von mir kannte, entstand Verständnis für meinen Mann. Gerne erklärte ich ihm meine Übungen. Denn ich war nicht

---

[14] Katalog der Buchhandlung Schirner. Sie verkaufen dort neben ihren Büchern auch Heilsteine und andere spirituelle Accessoires.

multipel: „Am ISO verweilen meine Seelenanteile zu Beginn mit ihren ursprünglichen Verletzungen. Diese alten Wunden schränken mein heutiges Leben ein. Nachdem mir Phantasie und Mut aberzogen wurden und die Intelligenz abgesprochen wurde, verkümmerten diese Fähigkeiten. In mir war als Kind das Gefühl entstanden, dass ich ängstlich und dumm bin. Es schien sich niemand dafür zu interessieren, wer oder was ich war. In dieser Phantasiewelt, dem ISO, können meine Seelenanteile ihre Fähigkeiten neu entdecken und ausleben. Jede Verletzung bekommt intuitiv das, was sie für ihre Heilung braucht. Hierdurch reifen sie nach. D. h. die Neugier, meinen Mut und meine gewisse Klugheit werde ich irgendwann wieder selbst leben können. Das ist mein Ziel."

Dieses Mal war es Timms Angst, die durch unser Gespräch aufgelöst wurde. Und ich hatte durch seine Nachfragen spüren können, dass er sich offensichtlich Sorgen um mich als Menschen machte. Was für ein Lichtblick! Dieser Austausch und seine Offenheit berührten mich. Und erneut gab es einen Hoffnungsschimmer auf einen weiteren gemeinsamen Weg. Denn genau solche Gespräche von Herz zu Herz wünschte ich mir.

Zu diesem Zeitpunkt kam die therapiefreie Zeit gerade richtig. Ich bekam dadurch die Möglichkeit, die bisher erlernten Techniken weiter einzuüben und meine Erkenntnisse sacken zu lassen. Auch meine Träume wurden sanfter im Vergleich zur Therapiezeit. Die Tage verliefen meist ruhig. Manchmal bekam ich sogar das Gefühl, dass unsere Ehe harmonisch war. Und dann, völlig unerwartet, gab es erneut eine

Wende. Timm belog mich wegen unbedeutender Kleinigkeiten. Ich erkannte die Lüge und er stritt alles ab.

Dabei gab es aus meiner Sicht der Dinge gar keinen Grund, zu lügen.

Ich hatte die Glaswände unserer Duschkabine geputzt. Durch zu festen Druck bewegte sich völlig unerwartet die Trennwand zur Badewanne hin. „Fällt die Glasplatte gleich aus dem Rahmen?", fragte ich mich erschrocken. Doch die Scheibe ließ sich wie die andere Einstiegstür bewegen. Ein Putzen zwischen Wanne und Duschabtrennung wurde nun endlich auf einfache Art möglich. Erfreut ging ich zu Timm, um ihm von dieser Entdeckung zu berichten.

Und er sagte dazu: „Ich habe schon immer gewusst, dass beide Trennwände Türen sind."

Da fragte ich: „Weshalb hast du mir das nicht gesagt? So oft habe ich geschimpft, dass ich nicht einmal mit einer an einen Kochlöffel gebunden Zahnbürste den Schimmel und Dreck in der Rinne zwischen Duschkabine und Badewanne wegbekomme."

Ich spürte, dass Timm log. Doch er stritt immer und immer wieder meinen Verdacht ab. Doch da ich in diesem Fall hartnäckig blieb, gestand er irgendwann: „Ich habe auch nicht gewusst, dass unsere Duschkabine zwei bewegliche Türen hat."

„Und weshalb lügst du dann?"

„Das passiert ganz automatisch. Ich hatte deine Worte als Angriff emp-
funden. Das kenne ich von früher. Denn als Kind wurde ich ja auch immer für alles beschuldigt und bestraft was im Haus schieflief, selbst
wenn ich nichts getan hatte. So hat sich dieser Abwehrmechanismus der
Notlüge wohl bei mir eingenistet."

Kein Wunder, dass es da Probleme zwischen mir und Timm gab. Denn
meine Wahrnehmung sagte manchmal: „Timm lügt gerade!"

Und Timm sagte: „Ich sage die Wahrheit".

In mir drehte sich dann alles. Ich wusste nicht, was ich glauben sollte.
Stimmten die Worte oder das, was ich als Körpersprache erkannte? Hier
passten die Verletzungen von Timm und mir wieder hervorragend zusammen. Wir waren einander Spiegel, um die zu heilenden Wunden
erkennen zu können. Timm fürchtete sich und musste lügen. Ich konnte
erkennen wie sich meine Wahrnehmungssicherheit verbesserte, die ich
durch mein Trauma verloren hatte. Denn schließlich hatte man mir etwas angetan, was falsch war. Gleichzeitig hörte ich die Worte „Ich liebe
dich!"- was für eine Verwirrung.

Vom Kopf her eine völlig klare Sache. Das Aufeinanderprallen zweier
so unterschiedlicher Botschaften musste zu Irritationen führen. Die hieraus resultierende Unsicherheit, ob ich meinen Gefühlen oder den Worten vertrauen kann, zog sich durch mein ganzes Leben. Dies belastete

die unterschiedlichsten Bereiche wie beispielsweise die Rechtschreibung. Eine vertrackte Situation. Doch ich war auf dem Weg, dieses Problem aufzulösen.

Auch wegen der blöden Herrenmagazine meines Mannes gab es dieses Lüge- oder Wahrheit-Spiel. Irgendwann hatte mir mein Mann versprochen, auf diese Heftchen zu verzichten, weil er mich nicht verletzen wollte. Trotzdem erwischte ich ihn erneut beim Blättern in einem Heft. Er schob die Zeitschrift schnell weg und leugnete sein Tun. Und dann meinte er, er habe das Magazin nicht angeschaut, sondern nachgesehen, ob er es wegwerfen könne. Ich bekam das Gefühl, dass an meinem Verstand gedreht wurde. Diese Situation war unerträglich für mich. Es musste sich etwas bei uns verändern.

Es waren solche Situationen, durch die ich damals erkannte, was ich wollte. Nur fiel es mir immer noch schwer, Timm gegenüber meine Wünsche und Bedürfnisse zu äußern. Eine innere Angst hielt mich davon ab. Und das, obwohl mir Frau Salim anschaulich erklärt hatte, wie wichtig Klarheit ist.

Ein Beispiel hierfür hat sich in mein Gedächtnis eingebrannt. Was würde geschehen, wenn ich in einem Internetshop die folgende Bestellung aufgeben würde: „Bitte schicken Sie mir etwas Schönes für 30 €!" Was da wohl geschickt würde? Ein sehr ungenauer Wunsch. Wenn ich überhaupt etwas geschickt bekäme, dann wäre es die Frage, ob ich die Ware auch schön finden würde. Denn die Geschmäcker sind ja bekanntlich sehr unterschiedlich. Und genau so ist es eben auch mit den Wünschen und Bedürfnissen in Partnerschaften. Nur wenn wir genau aussprechen was wir wollen, kann sich unser Gegenüber daran orientieren. Ich verstand und wollte dies künftig beachten.

Trotzdem war ich es leid, alleine an unserer Ehe zu arbeiten. Und da Timm nicht zu Frau Salim mitkommen wollte, hatte ich die Idee, gemeinsam eine neutrale Paartherapeutin aufzusuchen. Diesem Vorschlag stimmte mein Mann spontan zu. Bereits in der folgenden Woche hatten wir unseren ersten gemeinsamen Beratungstermin. Die Hoffnung auf eine gemeinsame Zukunft bekam erneut Nahrung.

Wandel 15: Unordnung

Carmen, meine mittlere Schwester, war umgezogen. Bei einem Telefonat fragte ich sie, wie es mit dem Einrichten lief. Da antwortete Carmen: „Gut! Als ich bei dir war, habe ich mich nochmals ganz genau bei dir umgesehen, damit ich weiß, welche Unordnung und farbliches Durcheinander an Möbeln ich nicht haben will. Es tut mir leid, dass ich das so hart ausdrücken muss, doch das ist die Wahrheit."

Das saß! Dieser Anruf machte mich sehr traurig und unsicher. Als ich Timm von Carmens Aussage berichtete, schlug er spontan vor, einen farblich passenden, neuen Wohnzimmerschrank zu kaufen. Am nächsten Tag starteten wir zum Schrankkauf. Bereits im ersten Möbelhaus fanden wir eine farblich passende Schrankwand. Das Möbelstück wurde bestellt.

Zu Hause begann ich, das alte Möbel auszuräumen und Nutzloses aussortieren. Eine Lawine war losgetreten. Denn plötzlich sah ich im ganzen Haus nur noch das, was nicht zusammenpasste.

Ich fühlte mich im Chaos. Doch von vielen Dingen konnte und wollte ich mich nicht trennen. Denn all unsere Möbelstücke und Dekorationen waren mit Liebe ausgesucht worden und ein Teil unserer Geschichte. Das Durcheinander musste anders geregelt werden. Deshalb begann ich wie eine Wilde zu putzen. Mein linker Arm begann zu schmerzen. Deshalb rieb ich abends diese Gelenke mit wärmender Salbe ein und beschloss, die Schmerzen an den ISO zu bringen. Schließlich kannte ich diese Beschwerden schon aus meiner Jugend. „Wie schön wäre es", so dachte ich, „wenn dann am ISO eine liebevolle Krankenschwester käme und meinen Arm versorgen würde." Doch mein Unterbewusstsein reagierte völlig anders. Restlos erschöpft lag ich abends im Bett und begab mich gedanklich auf den Weg zu meinem ISO.

Ich spürte, wie ich immer ruhiger wurde. Die Kleinen spielten und ich lud die Armbeschwerden zu uns ein. Ein neues Nebelwesen erschien. Doch statt der Krankenschwester tauchte ein Punchingball vor dem neuen Seelenanteil mit den Schmerzen auf. Spontan fing dieser an, wie wild auf den Box-Sack einzudreschen. Es schien ihm gut zu tun. Wohlig ausgepowert schlief ich ein.

Als ich aufwachte, war ich sehr irritiert von diesem Ereignis am ISO. Mein Arm war schmerzfrei! Doch wie mein Unterbewusstsein auf die Punchingball-Kur gekommen war, war mir unerklärlich. Doch auch hierfür fand sich eine Erklärung im Gespräch mit Frau Salim. Ich war offensichtlich am ISO so entspannt, dass meine Phantasie wirklich die Behandlung für die Hand fand, die sie brauchte. Durch meine Vergangenheit stand ich ständig unter Hochspannung, um möglichst alles kontrollieren zu können. Dieses Schlagen und Boxen war ein Entladen der Spannungen, die die Schmerzen ausgelöst hatten.

Das Wohnungs-Chaos-Thema war geblieben. Hierfür lud mich Frau Salim zu einer Teamkonferenz ein. Ich hatte die Augen geschlossen und erlebte Folgendes:

Mein Ressourcenteam saß mit mir in einem weißen Zimmer mit weißen Sprossenfenstern. In der Mitte des Raumes stand ein großer, runder Tisch. Pumuckl hüpfte um den Tisch herum und tapste mit schmutzigen Händen auf die weiße Tischplatte. Ich begann zu putzen, kam aber nicht hinterher. Die weise Frau, die ich einmal sein würde, tröstet mich. Ich wurde etwas ruhiger. Doch dann wandelte sich diese alte Frau in meine „böse" reale Oma. Die alte Panik vor ihr und vor ihrer Drohung war wieder da. Eine weiße Hexe tauchte auf. Sie zauberte die böse Großmutter weg. Die Glasfenster wurden durch blickdichte Scheiben ersetzt. Nur nach draußen konnten die Teammitglieder sehen.

Es wurde wieder friedlich im Raum und alle Anwesenden wählten Farbtöpfe mit ihrer Lieblingsfarbe aus, die auf dem Boden standen. Jeder tauchte seine Hand in seinen Topf ein, um dann seine Handabdrücke auf dem Tisch zu hinterlassen. Ein buntes Bild entstand. Die weiße, nun bunt bedruckte Tischpatte wurde Ausdruck unserer Unterschiedlichkeit und Lebensfreude.

Wieder im Hier und Jetzt angekommen, spürte ich Gelassenheit in Bezug auf unsere Einrichtung. Unsere Wohnung war bunt, das stimmte.

Doch alles waren Dinge, die uns lieb und wichtig waren. Die Bestellung unseres neuen Wohnzimmerschrankes musste gestoppt werden. Zu meiner größten Überraschung war auch Timm froh über diese Entscheidung. Denn auch er hing an unserer alten Wohnzimmer-Schrankwand. Wie gut, dass wir das rechtzeitig bemerkten, uns austauschten und die bestellte Schrankwand stornieren konnten.

Nach dieser Problemlösung war mein abendlicher ISO-Besuch wieder sehr entspannend.

Ich lag bequem in meinem Sessel, trank Limo und schaute mich um. Für die schwarz verhüllte Frau stand plötzlich in einer Inselausbuchtung des ISOs rechts ein rotes Zelt. Der schwarz-graue Kerker der Stimme stand auch in dieser Bucht rechts daneben. Was da drinnen los war, konnte ich noch immer nicht sehen oder hören. Doch es war mir fast egal. Denn der Drache saß nach wie vor davor und beschützte entweder mich vor der Stimme oder die Stimme vor mir. Das konnte ich nicht erspüren.

Das junge Pärchen genoss immer noch seine reine Liebe und ging händchenhaltend spazieren. Ihr rotes Sofa stand unverändert gegenüber der Terrasse vor der Schutz-Glaswand. Doch das Dixi-Klo war verschwunden.

Die kindlichen Seelenanteile agierten links neben der Terrasse. Die Kleine, fröhlich schaukelnde, hatte das Seilspringen als neues zusätzliches Spiel entdeckt. Der Schlaumeier wendete sich den unterschiedlichsten mathematisch-physikalischen Aufgaben zu. Die Neugierige erfreute sich ab und zu auch an chemischen Experimenten. Ein für mich unbekannter Seelenanteil klettert an einer Kletterwand bis ganz nach oben. „Es könnte die Mutige sein", dachte ich.

Ich war von dieser Kinderecke begeistert und spürte die Neugier, die Freude und die neue Sicherheit dieser Seelenanteile.

Mäuschen, der zum Baby verwandelte Schmierfink, lag in ihrem Körbchen. Dieses stand links, schräg vor der Terrasse. Die Kleine spielte mit ihren Fingern und nuckelte daran. Manchmal klapperte sie mit ihrer roten Rassel mit weißen Punkten oder sie beobachtete das Delphinmobile, das sich bei jedem Windhauch im Stubenwagenhimmel bewegte. Der Kleinen schien es gut zu gehen. Die Fee stand neben dem Stubenwagen, wenn sie nicht gerade das Baby badete, wickelte, es eincremte, mit ihm schmuste oder es fütterte.

Mein schwarzer Bauch und die goldene Sanduhr waren verschwunden. Doch wie zu Beginn meiner Besuche am ISO blickte ich auf die Sommerwiese mit Blumen und den erneut aufgetauchten Tümpel mit Enten und Seerosen.

Die erste Paartherapie-Sitzung

Die ersten Paar-Termine bei Frau Müller fielen in die Urlaubszeit von Frau Salim. Ein günstiger Moment, wie ich heute denke. Denn zwei Therapieschauplätze wären mir sicher zu viel gewesen.

Frau Müller war eine ruhige, gepflegte Frau in Timms und meinem Alter. Der Gesprächsraum war groß, hell und einladend. Unterschiedliche Sitzmöglichkeiten standen zur Auswahl. Timm wählte einen Stuhl mit Blick auf den leicht verwilderten Naturgarten. Ich nahm in einem Pfauenthron Platz, in dem ich mich geborgen fühlte.

Dann beschrieb ich unsere Ehe-Situation aus meiner Sicht. Dabei formulierte ich meinen Wunsch: „Ich möchte, dass Timm eine Therapie macht. Denn er hat unverarbeitete Probleme, das spüre ich. Doch er spricht nicht darüber. Ich merke nur, wie er oft unberechenbar und kindlich auf Situationen reagiert. Und ich alleine schaffe es nicht mehr, unsere Ehe zu retten. Ich möchte, dass Sie meinem Mann klarmachen, dass er eine Therapie braucht."

Frau Müller stellte mir dazu die Frage: „Was würde Sie beruhigen?"

„Ich wäre entlastet, wenn ich offen und klar wüsste, wenn etwas in meinem Mann arbeitet. Ich möchte darauf vertrauen können, dass Timm sich selbst helfen kann, oder um Hilfe bittet und annimmt, wenn er Hilfe braucht. Dann müsste ich nicht ständig in Habachtstellung sein und erahnen, was mit ihm los ist und ob er Hilfe benötigt. Irgendwie bin ich immer in Sorge um ihn. Vor 8 Jahren hatte er einen Schlaganfall. Seitdem habe ich Angst vor einem erneuten Blutgerinnsel in seinem Kopf. Damals war es notwendig, dass ich seine Aufgaben in der Familie übernahm. Nun würde ich ihm gerne die eine oder andere Aufgabe wieder zurückgeben wollen. Doch ich kann seinen Gesundheitszustand nicht einschätzen"

Frau Müller stellte klar, dass sie meinen Auftrag leider nicht annehmen könne. Sie sehe ihre Aufgabe in einer unparteilichen Dolmetscherfunktion. Für meinen Mann war das okay. Und ich dachte: „Besser das, als gar nichts!" So stimmte auch ich diesem Ehecoaching zu.

Unsere erste Hausaufgabe war es, zu notieren, wie unsere jeweiligen Lebensmuster in der Kindheit ausgesehen hatten. Dabei stellte sich heraus: Timm lebte Rückzug, Schweigen und Lügen. Es war seine Methode gewesen, um möglichst ohne Tadel und Strafen durch die Kindheit zu kommen. Das war ein Bindungsstil, der daraus resultierte, dass er meist auf sich alleine gestellt war.

Ich erfuhr, dass mein Mann von klein auf hatte lernen müssen, gut für sich selbst zu sorgen, weil es sonst niemand tat. Denn bei Spielverletzungen wurde er nicht getröstet und versorgt, sondern gerügt, weil er so unachtsam war. Deshalb kannte er seinen Körper genauestens. Dadurch erkannte ich, dass er nicht leichtsinnig mit sich umging, sondern sogar Selbstheilungskräfte mobilisieren konnte.

Ich lebte bis zu meiner aktuellen Therapie wie eine Marionette. Ich bewegte mich, wenn ich gerufen wurde und versuchte die Bedürfnisse anderer zu erahnen und so weit wie möglich zu erfüllen. Das heißt, ich war artig und mit meiner Aufmerksamkeit mehr bei meinen Mitmenschen als bei mir. Nun wünschte ich mir mehr Offenheit. Denn dann musste ich nicht mehr Befindlichkeiten erahnen und befürchten etwas übersehen zu haben.

Frau Müller gelang es, meinem Mann in seiner inneren Welt zu begegnen und ermöglichte ihm, ein Bild davon zu erschaffen, was er tat, wenn es ihm schlecht ging. Dann brauchte er Ruhe. Timm hatte es so beschrieben: „Wenn es mir schlecht geht, dann lege ich mich gedanklich unter unseren Nussbaum und regeneriere." Eine klare Ansage, die ich verstehen konnte und mich entspannen ließ. Dieser Kommunikationsansatz entwickelte sich weiter, gelang uns immer besser.

Eine weitere spannende Frage in der Paartherapie brachte alte, verborgene Gefühle zurück. Wir sollten uns erinnern, was uns zu Beginn unserer Liebe am andern verzaubert hatte.

Abends saßen wir dann auf meinen Wunsch hin beisammen und tauschten Erinnerungen aus. Ich erinnerte mich, wie mich Timm liebevoll und strahlend angesehen hatte. Dabei dachte ich: „,Was für ein gesunder und strahlender Junge vom Land!" Dieser Gedanke löste ein wohliges Gefühl in mir aus.

Mein Mann hatte an mir spontan geliebt: mein Lächeln, etwas verborgenes Kesses und meine flotte Art. Auch diese Erkenntnis ließ mein Herz heftiger schlagen. Ich begann, meinen Mann immer wieder auch mit diesen Augen der jungen Frau zu sehen.

Wir entdeckten, dass wir vermutlich gerade wegen unserer unterschiedlichen Ausgangssituationen zusammengefunden hatten. Timm war sein Eigenleben gewöhnt. Er verließ sich auf sich selbst und sonst niemanden. Das gab mir Orientierung. Ich kam direkt aus dem Elternhaus und hatte wenigstens den „Ersatzmann Timm" an Stelle meiner großen ehemaligen Liebe geheiratet. Das Beste, was ich als Aschenputtel bekommen konnte. So nahm ich das noch in der Paartherapie wahr. Wie falsch das war, wurde mir erst viel später bewusst.

Wegen dieser vermeintlich, halbherzigen Eheentscheidung hatte ich ständig ein schlechtes Gewissen meinem Mann gegenüber. Dieses kompensierte ich durch übermäßige Unterwerfung und Bemutterung. Kaum eine Basis für eine gleichwertige Partnerschaft. Es war wohltuend für mich, all diese Erkenntnisse und die damit verbundenen Gefühle mit Timm zu teilen.

Parallel zu meiner Therapiepause, schien es in dieser Zeit auch eine ISO-Pause zu geben. Nur gut, dass ich wusste, dass sich meine Seelenanteile dort trotzdem weiter erholten!

Doch eines Abends, als ich erneut einen Besuchsversuch zum ISO startete, kam ich an einem völlig anderen schönen Ort an. Er wurde in den nächsten Wochen meine Oase zur Regeneration und meine Einschlafhilfe.

Wandel 16

Bei einem Paargespräch entdeckte ich, dass die Art „geheimnisvoll zu tun" und „sich ertappt zu fühlen" meines Mannes nicht mich verletzte, sondern die Kleine in mir. Und das passierte schon seit vielen Jahren, ohne dass es mir bewusst gewesen wäre. Nun war ich in der Ehetherapie auch wieder bei mir angekommen. Ich fühlte mich klein und verletzlich. Ich spürte einen unendlich tiefen, namenlosen Schmerz, den ich immer für einen erwachsenen Schmerz gehalten hatte. Doch da hatte Robert Betz in seinem Vortrag wohl Recht gehabt: Timm und ich, wir

hatten uns als verletzte Kinder in Körpern von Erwachsenen kennengelernt. Und nun bekamen wir die Chance, erwachsen zu werden.

Weshalb sich die Kleine durch diese „Heimlichtuerei" so verletzt fühlte
und panisch reagierte wusste ich nicht. Das wollte ich mit Frau Salim
nach ihrem Urlaub herausfinden.

Doch Frau Salim meinte, dass ich den Grund für dieses Gefühl nicht
unbedingt im Detail kennen müsse. Diese Emotionen würden alles be-
inhalten, was geheilt werden wollte. Da mein Vertrauen zu Frau Salim
in der Zwischenzeit sehr groß war, konnte ich diese Aussage als wahr
annehmen.

In den nächsten Tagen sackten diese Informationen. Und ich verlor etwas mehr die Angst davor, meine alte, traumatische Geschichte in der
Therapie zu bearbeiten. Denn wenn es tatsächlich eher um das Gefühl
als um die Taten ging, dann musste ich vermutlich gar nicht alle schlimmen Details der Taten erinnern, zerpflücken und deuten. Ich müsste
nicht alle Situationen nochmals durchleben und Höllenqualen leiden.
Die Vorstellung, Gefühle ohne Bilder aushalten zu müssen, war schon
schlimm genug.

*Mutig machte ich mich abends auf den Weg zu meinem ISO. Ich wollte dem
undefinierbaren, schlimmen Gefühl der Kinderseele helfen. Tatsächlich gelangte ich an meinen vertrauten ISO. Ich legte mich in den bequemen Ohrensessel auf der Terrasse. Dann lud ich die Panische beim „sich-ertappt-Fühlen",
zu mir ein. Ein kleines Baby kuschelte sich auf meinen Schoß in meine Arme.*

Das Köpfchen brauchte ganz viel Stütze und Wärme. Ich sang ein Schlaflied. Plötzlich erschrak ich bei der Textzeile: „...morgen früh, wenn Gott will, wirst du wieder geweckt..." Ich spürte, wie in der Kleinen Panik aufstieg. Sie dachte: „War ich brav genug, dass ich auch morgen wieder aufwachen darf?" Wir weinten beide und schliefen dann vor Erschöpfung ein.

Am nächsten Morgen wachte ich mit dieser Panik vom ISO auf. Die Textzeile des Schlafliedes empfand auch ich als Erwachsene bedrohlich. Deshalb schrieb ich die Textzeile des Liedes um: „Morgen früh, es will Gott, werde ich wieder geweckt" und summte diese Melodie immer wieder vor mich hin. Ich wusste, dass diese Botschaft auch am ISO ankommen würde.

An den darauffolgenden Abenden bekam dieser neue Seelenanteil, das „panische Baby" am ISO meine ganz besondere Aufmerksamkeit. Die Kleine lag in meinen Armen, genoss es, mit dem neuen Schlafliedtext in den Schlaf gesungen zu werden. Alle anderen Anteile am ISO führten friedlich ihr Eigenleben weiter.

Ein paar Abende später tauchten am ISO neue Helfer auf. Es war eine weitere gute Fee, die sich speziell um die panische Kleine kümmerte. Sie war mit dem Baby Mäuschen verschmolzen. Mäuschen bekam ein weich gepolstertes Babynestchen. Eine weiße Hexe namens Turalu tauchte auf und stellte sich als Beschützerin daneben.

Die Paartherapie geht weiter

Timm und ich beschäftigten uns bei Frau Müller mit dem Thema: „Grenzen setzen". Da Timm in den Sitzungen noch eher ruhig und abwartend war, sprach ich. Mich belastete in unserer Ehe unter anderem, dass mein Mann der Meinung war: „Frauen äußern ein Nein und meinen Ja." Und danach handelte er auch. Wenn ihm ein Ziel wichtig war, dann betrieb er fast eine tägliche Gehirnwäsche mit mir, indem er immer wieder an sein Thema anknüpfte und Vorteile des Ziels benannte. In vielen Situationen schloss ich mich dann irgendwann resigniert an Timms Meinung an. So bestätigte ich seine Annahme durch mein Verhalten.

Dann begann mein Mann die Geschichte zu erzählen, die ihn zu seiner Denkweise und seinen Handlungen veranlasst hatte. Auch er hatte Schlimmes erlebt, Geschehnisse, von denen er noch nie gesprochen hatte. Ich begann zu verstehen, wie sein Weltbild entstanden war. Ich konnte mitfühlen. Trotzdem änderte dieses Wissen nichts an meinen Gefühlen in Bezug auf die schwierige Ehesituation. Denn unabhängig vom Verstehen der Ursachen seines Verhaltens, war mein Unmut berechtigt und erlaubt. Das bestätigte mir auch Frau Müller.

Für zu Hause bot sie mir deshalb eine Übung an. „Frau Striebel, bitte installieren Sie in Ihrem Helferteam eine Person, die erwachsen Grenzen setzen kann! Ihr Mann kann das ja schon!" Diese Worte ließen es in mir brodeln. Ich sollte lernen, mich erwachsen zu verhalten. Und Timm, der manchmal zum Kleinkind mutierte, konnte das schon? Was für ein

Schwachsinn. Doch ich traute mich nicht, meine Wut rauszulassen. Ich war zu schockiert.

Krise

Abends, beim Einschlafen, verzichtete ich auf meinen Kuschelbären, weil ich fürchtete, sonst eine Tränenüberschwemmung zu produzieren. Nun forderte also auch noch Frau Müller von mir, mehr für die Ehe zu tun. Ich verstand die Welt nicht mehr. Timm war in Ordnung, erwachsen und perfekt. Nur ich musste an mir arbeiten! Das machte ich doch schon seit mehr als 20 Jahren. Ich fühlte mich missverstanden, wieder einmal falsch wahrgenommen und beschloss, die Paartherapie abzubrechen.

Spannungsreiche Tage folgten, in denen sich mein Wunsch des Therapieabbruchs bei Frau Müller verstärkte. Allerdings sprach ich nicht mit meinem Mann darüber. Ich würde Timm einfach alleine zum nächsten Termin schicken. Dann könnten die beiden weiter gegen mich klüngeln. Doch wieder einmal kam es anders als erwartet.

Das Telefon klingelte, als ich gerade den Mittagstisch abdeckte. Timm hob ab und ich hörte nur seine Worte: „Ja wir kommen gleich!" Dann kam er zu mir in die Küche und sagte: „Frau Müller hat gerade angerufen. Wir haben jetzt Therapie und sollen gleich kommen." Ohne überlegen zu können, fuhr ich mit zum Termin, den wir im Kalender übersehen hatten.

Nun saß ich also doch wieder in meinem Pfauenthron im Therapieraum. „Wenn ich nun schon hier bin, kann ich meinem Unmut auch Luft machen", dachte ich und ließ meiner Entrüstung freien Lauf: „Nach der letzten Sitzung bei Ihnen, Frau Müller, ging es mir total schlecht. Seit über 20 Jahren kämpfe ich um unsere Ehe, mache eine Therapie nach der anderen und vernachlässige die Aufarbeitung meiner eigenen, alten Verletzungen. Und mein Mann sitzt alles aus! Er sagt immer, er will etwas ändern, wobei er mir ja nun gestanden hat, dass er keine Ahnung hatte, was er ändern sollte. Und nun setzen Sie dem Ganzen noch die Krone auf. Sie sagen, mein Mann reagiert erwachsen, wenn er sich wie ein 11-Jähriger benimmt und ich soll mal einen erwachsenen Anteil bei mir installieren! Ich kann und mag nicht mehr!"

Frau Müller schaute mich verständnisvoll an und meinte: „Ich danke Ihnen, dass Sie so klar ansprechen, was Sie empfinden und wollen. Da habe ich mich letztes Mal wohl sehr missverständlich ausgedrückt. Gerne möchte ich Ihnen meine Aufgabe erklären. Ich bin Vermittlerin oder Übersetzerin. Ich hole jeden da ab, wo er gerade steht, und nutze die Fähigkeiten, die er hat. Bei Ihnen, Frau Striebel, weiß ich, dass Sie schon viel an sich gearbeitet haben und Kenntnis von Innenanteilen haben. Das regte ich an, zu nutzen. Ihr Mann entdeckt gerade, dass er auf unterschiedlichen Ebenen reagiert und handelt. Er ist dabei, sich zu öffnen und seine Erinnerungen preiszugeben. Dies ist ein großer Vertrauensbeweis. Bitte überlegen Sie, ob Sie bereit wären, hier weiter mit zu arbeiten. Ich würde es sehr gerne tun."

Dies war mir genug für diese Sitzung und ich bestand darauf, nach Hause zu fahren, um Zeit zum Überlegen zu haben. Nach einer unruhigen Nacht sprachen Timm und ich über die letzte Sitzung. Ich erklärte mich bereit, weiter zu machen. Deshalb schrieb ich eine E-Mail an die Therapeutin:

„Sehr geehrte Frau Müller,

herzlichen Dank, dass wir gestern noch kommen durften. Der Termin war sehr wichtig für mich und vermutlich auch für uns. Nun spüren wir wieder etwas von der Leichtigkeit, die wir durch Ihre Begleitung schon erfahren durften. Danke auch für Ihre Offenheit, die Klarheit bringt. Bitte geben Sie uns einen neuen Termin.

Einen erholsamen Urlaub wünschen Ihnen die Striebels"

„Liebe Frau Striebel und lieber Herr Striebel,

ich bin auch sehr froh, dass wir diese Zerrüttung noch vor meinem Urlaub klären konnten – geradezu durch Zufall, da mir ja gar nicht klar war, dass es eine Zerrüttung ist. Und es zeigt mir, zum einen, wie leicht Missverständnisse aufkommen können (man kann es gar nicht verhindern), und zum anderen, wie wichtig es ist, Kränkungen anzusprechen, um Missverständnisse zu klären – aber auch, um sich zu schützen und zu verteidigen und seine Integrität zu bewahren. Insofern ist hier tatsächlich ein großer praktischer Schritt auf dem Weg zu einer angemessenen, ‚erwachsenen' Bei-sich-Sein-in-Beziehung geschehen.

Aber auch etwas anderes wird für mich immer wieder deutlich: Man kann seine eigenen Vorstellungen oder sogar Gewissheiten von ‚erwachsenem' Selbstschutz nicht auf eine andere Person übertragen; auch nicht seine Vorstellungen oder Gewissheiten von dem Weg dahin; wir alle verhalten und verteidigen uns gelegentlich, wenn die entsprechenden ‚Anteile' aktiviert werden, ‚zehnjährig' oder ‚vierjährig' oder sonst wie ‚unerwachsen', und die jeweils andere Person muss sich wohl oder übel damit arrangieren, möglichst ohne selbst abzustürzen. Das ist die schwierige Herausforderung, und das ist vielleicht weiterhin das Thema: Zum einen, was wünsche ich mir von der anderen Person als ‚erwachsenes' Verhalten? Zum anderen, wie kann ich für mich selbst sorgen, wenn ein solches Verhalten ausbleibt?

Nun wünsche ich Ihnen friedliche sommerliche Tage (auch Regen für den Garten, und ein wenig Abkühlung), und freue mich auf unser nächstes Treffen. Denn das muss ich auch sagen: Sie sind mir alle beide sehr sympathisch und sollten Sie, Frau Striebel, in unserer vorletzten Stunde das Gefühl gehabt haben, dass ich meine Allparteilichkeit verletzt und einseitig für Ihren Mann Partei ergriffen habe (ein kapitaler Fehler in der Paarberatung), so war das sicher nicht beabsichtigt und beruht auf keinen Fall auf einseitiger Sympathie!

Liebe Grüße A. Müller"

Therapiemonat 13 – 16

Das Thema „,erwachsenes Verhalten" beschäftigte mich nach dieser Auseinandersetzung. Ich berichtete Frau Salim von der letzten Paarsitzung. Sie hatte verstanden, dass es Frau Müllers Ziel war, dass jeder Partner seinen eigenen Weg weitergehen kann. Durch das Loslassen des Anderen und den eigenen Weg auf der gemeinsamen Straße zu gehen, fielen beidseitige erzieherische Maßnahmen weg. Das bestärkte mich nun auch meinen eigenen Weg zu beschreiten. Hierdurch fühlte ich mich entlastet. Gleichzeitig entstand ein Abgrenzen von meinem Mann.

Ich experimentierte mit dem neuen Wissen. Eine Einladung zu Freunden in der Nachbarschaft bot Übungsmöglichkeiten. Ich liebe Feiern - im Gegensatz zu Timm. Deshalb hatten wir im Voraus abgemacht, dass Timm nach Hause gehen konnte, wann er wollte. Trotzdem konnte ich ohne schlechtes Gewissen so lange bleiben, wie ich Lust dazu hatte. Es funktionierte. Für mich eine tolle Erfahrung!

Beim nächsten Zahnarzttermin probierte ich, auch meine Grenzen zu setzen. Der Zahnarzt bot mir an, die rechte Hand zu heben, wenn er eine Pause beim Bohren einlegen sollte. Bisher hatte ich das unterlassen, weil ich wollte, dass die Behandlung schnell vorbei war. Doch nun war ich neugierig geworden, ob das abgesprochene Stoppzeichen beachtet würde. Ich hob also irgendwann während der Behandlung meine Hand. Und tatsächlich hörte der Zahnarzt sofort mit dem Bohren auf.

Durch diese Reaktion bekam ich ein Gefühl der Selbstbestimmtheit, obwohl ich mich in den Händen des Behandlers befand. Dies gab mir Sicherheit und Vertrauen in seine Absprachen. Ich war der Situation nicht mehr ausgeliefert. Die Angst vor den Zahnarztbesuchen ließ nach.

Die Krönung meiner neuen Testreihe war ein Flug nach Berlin. Meine Patin hatte mich mit meinen Schwestern zu ihrem 80. Geburtstag eingeladen. Den Flug meisterte ich alleine, da meine Schwestern andernorts starteten. Auch wenn ich meine Sicherheitsmedikamente genommen hatte, war ich glücklich einen so großen, neuen Schritt gewagt und geschafft zu haben. Mit Zuversicht, Glücksgefühlen und Vertrauen in meine Fähigkeiten kehrte ich nach Hause zurück. Wie prima, dass diese Geburtstagseinladung gekommen war, als ich bereit war, ihr zu folgen.

Frau Salim freute sich mit mir über meine Erfolge. Sie machte mich darauf aufmerksam, was sich in der letzten Zeit alles bei mir verändert hatte. Die goldene Sanduhr hatte mich bereits meinem Wunschgewicht nähergebracht. Und diese Reise gab mir neues Selbstbewusstsein.

Mich anzuerkennen, das schaffte ich in der Zwischenzeit ganz gut. Doch die Idee der Therapeutin, auch stolz auf diese Veränderung zu sein, schien mir völlig unpassend. Schließlich schaffte ich diese Aktionen mit Tabletten, sonst aber ohne große Anstrengung und schwere Arbeit. Ich hatte agiert, ohne groß darüber nachzudenken. Dies rechtfertigte kein Gefühl von Stolz für mich.

Die Begleitung der beiden Therapeutinnen begann, mir gut zu tun. Timm nannte Frau Müller in der Zwischenzeit seine Therapeutin. Er begann sich mehr und mehr in den Stunden einzubringen. Instinktiv nahm ich mich in diesen Paarsitzungen dann zurück. Im Dialog mit seiner Therapeutin erklärte sich mir die Welt meines Mannes zunehmend mehr. Ich entdeckte ihn neu mit all seiner Vielfalt, seinen Schwächen, Stärken und Verletzlichkeiten. Er wandelte sich vom unberechenbaren Monster „Mann" zu einem Menschen, der in seinen Möglichkeiten um ein geschütztes gutes Leben kämpfte. Er liebte und lebte die Natur.

Freiraumerweiterung

Wenige Tage später bekam ich die Chance, meinen Freiraum bewusst zu erweitern. Viele Jahre war mein Auto das Auto der Kinder gewesen. Und im Augenblick hatte ich es meiner Tochter Tina gegeben, da ich es selbst ja nicht nutzte. Meine Unsicherheit und Angst vor dem Autofahren war zu groß. In der Zwischenzeit verspürte ich immer wieder den Drang, mich einfach mal spontan in mein Auto setzen zu können, um alleine shoppen zu gehen.

Tina hatte Urlaub. Mein Auto stand ungenutzt im Hof. Vor dem nächsten Therapietag kämpfte es in mir: „Fahre ich alleine mit dem Auto zur Therapie, oder lasse ich mich wie immer von Timm fahren und abholen?" Ich schwitzte und klopfte ein Solitär-Spiel nach dem anderen in meinen PC. Dann schnappte ich plötzlich die Autoschlüssel und sagte zu Timm: „Ich fahre heute allein zur Therapie. Allerdings darfst du mir nicht zusehen, wie ich jetzt wegfahre."

Und dann startete ich und fand auch tatsächlich am Ziel einen Parkplatz. Früher als erwartet saß ich im Wartezimmer der Praxis. Die Zeit wollte ich mir mit Lesen vertreiben. Doch gerade heute kam Frau Salim vorzeitig aus ihrem Beratungszimmer und fragte: „Können wir gleich anfangen? Denn ich muss nachher schnell weg."

Ich dachte: „Super! Ich kann ja auch früher heimfahren, weil Timm nicht zum Abholen kommt." Wieder einmal fügten sich die Dinge hervorragend.

Ich folgte meiner Therapeutin ins Beratungszimmer. Voller Stolz hielt ich ihr meinen Autoschlüssel vor die Nase. Sie starrte darauf. Das Rattern in ihrem Kopf war förmlich zu hören und sie fragte: „Bedeutet das das, was ich denke?" Und ich antwortete: „Ja, ich bin heute alleine hierher gefahren, auch wenn ich nun völlig durchgeschwitzt bin."

„Glückwunsch!", sagte Frau Salim.

Abends berichtete ich meiner Tochter Tina von meinem tollen Fahrerlebnis. Dabei schloss ich mutig den Wunsch an, dass es nun an der Zeit sei, dass sich Tina ein eigenes Auto zulegen solle. Das war eine schwere Probe für meine Selbstbehauptung. Trotzdem verlief diese Aktion völlig problemlos.

Tina meinte nur: „Klar! Habe ich zwei Wochen für den Autokauf?" Natürlich hatte sie auch 4 Wochen für diese Kaufaktion. Die Hauptsache war, ich konnte dann wieder üben, die frei bewegliche Autobesitzerin zu sein. Wieder einmal war die Angst davor, den eigenen Wunsch zu äußern völlig unbegründet gewesen.

Als ich diese Zeilen aus meinem Tagebuch übernahm, spürte ich wie damals, dass ich in dieser Situation tatsächlich Stolz fühlte, denn ich hatte echten Mut bewiesen.

Immer wieder berichtete ich Frau Salim auch von unserer Paartherapie. Mein Wunsch, mit Timm glücklich zu sein, hatte sich in der Zwischenzeit weiter verstärkt. Und während ich von der wachsenden Harmonie in der Ehe sprach, kam plötzlich totale Panik in mir auf. Völlig irritiert durch die Diskrepanz zwischen Wunsch und der panischen Angst vor dem friedlichen Zusammenleben, kam ich ins Stocken. Ich schwieg. Da machte es plötzlich ‚klick' in meinem Kopf. Und ich erkannte einen neuen Aspekt: Diese Liebe wollte ich nicht spüren, weil ich fürchtete dann auch zu sterben, falls Timm einmal vor mir gehen musste. Ich konnte diesen Gedanken nicht mehr wegschieben. Es musste eine andere Lösung geben, die Liebe angstfrei spüren zu können.

Vielleicht sollte ich parallel zur Ehe meine Freundschaften wieder vertiefen und mich einer Gruppe für spirituellen Austausch anschließen? Das wäre zumindest ein dünnes zweites Standbein. Diese Idee gefiel mir. Optimistisch fuhr ich nach Hause.

War es göttliche Fügung, meine veränderte Aufmerksamkeit oder Zufall? Ich weiß es nicht. Auf jeden Fall erfüllte sich mein Wunsch auf Austausch mit Frauen bereits einige Tage später. Meine Perlenkette mit Schutzengel war gerissen. Deshalb suchte ich den kleinen Laden der Schmuckgestalterin auf. Klara und ich kamen wie schon früher in ein tiefes Gespräch. Dabei stellte sich heraus, dass Klara eine Meditationsgruppe anbot. Genau das, was ich suchte. Durch meine neue Mobilität konnte ich unabhängig von anderen an den Treffen teilnehmen. Deshalb meldete ich mich spontan dazu an. Der Austausch mit diesen Frauen bereicherte von da an mein Leben.

Eifersucht ohne Liebe?

In dieser Nacht träumte ich, dass sich die Jugendfreundin meines Mannes wieder an ihn heranmachte. Ich war total eifersüchtig. Ich vertrieb die Rivalin.

Nach dem Aufwachen dachte ich: „Liebe macht so verletzlich!" Gleichzeitig schien ich mir plötzlich ganz sicher, dass ich Timm liebte und immer geliebt hatte. Doch weshalb spielte ich dann die Frau, die Timm als Ersatz-Mann geheiratet hatte? Weshalb führte ich eine Ehe, in der Streitigkeiten an der Tagesordnung waren? Die Erklärung aus der Therapiestunde schien nicht der einzige Grund zu sein. Doch da ich ja in der Zwischenzeit wusste, dass ich keine Erinnerungen und Erkenntnisse erzwingen konnte, musste ich mich darin üben, Liebe zuzulassen und auf die Erkenntnis zu warten.

In den folgenden Tagen kamen meine Erinnerungen an meine Jugendfreunde zurück. Mein erster Freund aus der Tanzstunde war Günter.
Ihn durfte ich einmal die Woche bei meinen Eltern zu Hause treffen. Es
gab den ersten Kuss, zärtliche Berührungen und das Tanzen bei Ge-
meindepartys und in der Tanzstunde. Diese länger als ein Jahr dau-
ernde Freundschaft wurde meinen Eltern zu eng, so vermute ich heute.
Sie fanden Gründe, weshalb eine Trennung besser für mich wäre.
Schließlich war der junge Mann ein Zeuge Jehovas und würde mich sicher in diese „Sekte" reinziehen wollen. Sein Hobby, das Bergsteigen,
war auch nichts für mich, da waren sich meine Eltern sicher. Und wer
wusste schon, was er auf seinen Bergtouren nachts im Schlafsack tat.
Diese Bedenken hörte ich nun Tag für Tag, wie von einer defekten
Schallplatte. Irgendwann glaubte ich den Worten meiner Eltern. Ein
Bild, bei dem Günter im Schlafsack mit einem anderen Mädchen her-
ummachte, brannte sich in meinem Kopf ein. Ich musste die Freundschaft beenden. Doch ich wusste nicht, wie ich das bewerkstelligen
sollte. Da bot mir meine Mutter an, einen Abschiedsbrief an Günter zu
schreiben. Danach hatte Günter begonnen, um mich zu kämpfen. Doch
ich war zu resigniert, gab unserer jungen Liebe keine weitere Chance.

Auch meine zweite Liebe stand unter keinem guten Stern. Dieses Mal
arbeiteten beide Elternpaare gegen die Freundschaft. Seine Eltern waren der Ansicht, ich sei nicht der richtige Umgang für ihren Sohn. Seine
Familie sei etwas Besseres als meine Familie. Als Cornelius eine Klasse
wiederholen musste, nutzten seine Eltern die Chance und steckten ihn

in ein weit entferntes Internat. Nun war unser Kontakt auf die Schulferien reduziert. Sonst waren nur noch Briefe möglich.

Ich vermisste Cornelius so sehr, dass meine schulischen Leistungen nachließen. Meine Mutter wurde in die Schule zitiert und über die Versetzungsgefährdung der Tochter informiert. Für meine Eltern stand fest: Das Kind muss diese ungute Beziehung beenden. Als brave 17-Jährige tat ich, was ich musste. Es gab einen tränenreichen Abschied. Cornelius ging und verschwand für immer. Mein Liebeskummer blieb sehr lange und ließ mich rapide abnehmen.

In einer weiteren Freundschaft, einer Fernbeziehung, versteckte meine Mutter die Liebesbriefe, um mich vor einem großen Fehler zu bewahren. Die Beziehung zerbrach und mein Herz brach ein weiteres Mal.

Und dann war da Timm. Ihn kannte ich schon seit Jahren durch meine Freundin Babs. Timm war ihre ehemalige Urlaubsbekanntschaft und mein Tanzpartner an ihrem 16. Geburtstag. Ich war gerade solo. Timm und ich hatten einen kurzen Flirt. Doch dann ging er zu seiner Freundin zurück. Unsere Wege trennten sich.

Zwei Jahre später tauchte Timm mit einem wundervollen Rosenstrauß bei mir auf, um mein Herz zu erobern. Doch mein Kopf entschied sich aus Vernunftgründen gegen eine Beziehung. Schließlich wohnte der junge Werber 100 km entfernt. Erst beim 3. Anlauf, als Timm in meiner

Heimatstadt studierte, kamen wir fest zusammen. Es war eine ungefährliche Freundschaft, so dachten meine Eltern. Denn wir stritten oft miteinander.

Einmal, als wir besonders heftig miteinander debattierten, verbot meine Mutter Timm für einige Zeit das Haus. Deshalb trafen wir uns heimlich. Statt an die Uni zu gehen, fuhr ich zu Timm. Und das, was uns trennen sollte, schweißte uns noch mehr zusammen. Es entwickelten sich zunehmend mehr Gefühle. Gegen den Wunsch meiner Eltern heirateten wir, weil wir es wollten und konnten. Schließlich war ich in der Zwischenzeit 21 Jahre alt und endlich volljährig.

Aus täglichen Treffen wurde ein Zusammenleben, eine völlig neue Situation für uns. Eine schwierige Zeit fing an. Ich war durch das Ja-Wort aus der Rolle des Kindes in die der Ehefrau gerutscht. Eine junge Frau, die nicht einmal wusste, wie man Kaffee kocht oder ein Stück Fleisch anbrät. Und es gab damals noch kein Internet, indem man mal schnell hätte Haushaltstipps nachschauen können. Timm, der schon in seinen Studentenbuden alleine gelebt hatte, brachte mir Grundkenntnisse im Kochen bei.

Das Jugendbett wurde durch ein Ehebett ersetzt, in dem eheliche Pflichten erfüllt werden mussten. Alles war neu für mich, und mir oft zu viel. Denn neben dem neuen Miteinander fing ich auch noch mit meiner Arbeit als Grund-und Hauptschullehrerin an.

Spannungen und viele Streitereien waren auch für Außenstehende wahrnehmbar. Dieser Ehe gaben weder unsere Eltern noch Freunde eine große Chance. Doch als ich an diesem Buch arbeitete, waren wir bereits über 40 Jahre miteinander verheiratet. Es waren Jahre, die sehr lange leidvoll verliefen, bis wir unsere Liebe wiederfanden.

Der Haushalt

Wieder einmal beschäftigte mich das Thema Ordnung. Gerne hätte ich es in unserem Haus schöner gehabt. Doch ich war weder eine gute Hausfrau noch ein ordentliches Wesen. Zusätzlich liebte ich hübschen Schnick-Schnack. Das machte mich unzufrieden. Als ich Frau Salim von meinem Unordnungs-Gen erzählte, bot sie mir eine Übung an. Ich sollte die Kehrseite meine negativ empfundenen Eigenschaften finden.

Wie ich bin	Was es auch bedeutet
sprunghaft	beweglich, lebendig
unkoordiniert	spontan, beweglich, rege, frei, die Arbeit wird dadurch interessanter und abwechslungsreicher

impulsiv	lebendig, spontan, meinen Bedürfnissen folgend, echt
undiszipliniert	Freigeist, selbstbestimmt, ich spüre mich dabei, kraftvoll, leicht

Diese Übung relativierte meine Sicht auf mich selbst. Allmählich begann ich mich auch in diesem Bereich mehr so anzunehmen, wie ich war.

Wandel 17

Die aktuelle Übung zeigte auch bei meinem nächsten ISO-Besuch seine Auswirkungen. Als ich abends meinen Terrassenplatz aufsuchte, sah ich Pippi Langstrumpf. Sie hüpfte durch den Garten. Sie durfte so sein, wie sie war.

Pippi teilte einen Bereich des Gartens mit einem bunten Zaun ab. Davor stellte sie ein Schild auf mit der Aufschrift: „Paradies" und verschwand in ihre Welt.

Über dieses Bild freute ich mich auch noch am nächsten Tag. Pippi Langstrumpf war der kreative Ausgleich zu meiner sonst so angepassten Lebensweise. Wie toll meine Phantasie funktionierte, wenn der Verstand ausgeschaltet war!

Doch ein Friseurbesuch warf mich wieder aus der Leichtigkeit der Pippi. Ich sah mich in einem Ganzkörperspiegel und erschrak, wie fett ich war, obwohl ich bereits mein Wunschgewicht erreicht hatte und mich gut fühlte. Der Schock saß tief und ich war froh, als ich den Frisierumhang umgelegt bekam, denn ich schämte mich für diesen Körper.

Wandel 18

Ganz automatisch nahm ich am Abend dieses Schamgefühl mit an meinen ISO. Dort sah ich mich im Paradies. Ich trug einen Bikini und fühlte mich dabei super. Denn hier durfte ich sein, wie ich war. Und von der Terrasse aus betrachtet, verloren meine Pfunde ihren Schrecken. Der Bauch wurde durchsichtig und ich sah darin eine Ansammlung starker, unterdrückter Wut. Ich kreischte meine Emotionen unkontrolliert heraus.

Am nächsten Tag fragte ich mich, gegen wen diese Wut gerichtet war? Ich wusste es nicht! Dafür wurde mir bewusst, dass ich keine Ahnung hatte, wie ich im realen Leben mit Wut umgehen konnte. Stattdessen folgten Tage mit Heißhungerattacken, die ich mit keinem Trick bremsen konnte. Das Gewichts-Yo-Yo ging wieder nach oben.

Frau Salim bot mir erneut eine Möglichkeit an, das Thema Gier-Essen zu beleuchten. Für diese Aufgabe stellte sie mir eine Schnur als Lebenslinie zur Verfügung. Auf dieser Achse sollte ich die Stelle kennzeichnen, an der ich die letzte Fressattacke hatte. Aus der bereit gestellten Kiste mit bunten Steinen und Symbolen wählte ich einen schwarzen Stein dafür. Danach sollte ich meine Gedanken und Gefühle um diesen Startpunkt herum genau untergliedern und mit Symbolen in eine zeitliche Abfolge bringen. Doch das gelang mir nicht. In meinem Kopf dröhnte der Satz: „Ich kann das nicht." Deshalb brach ich die Übung ab. Dabei war es mir egal, ob Frau Salim mit mir wegen meines Ungehorsams böse würde.

Als ich diese „nicht"-Übung für das Buch notierte, erinnerte ich mich daran, dass es am Anfang meiner Traumatherapie schon einmal eine Aufgabe gegeben hatte, auf die ich mich nicht wirklich hatte einlassen können. Allerdings fehlen mir die Notizen, um was für eine Übung es sich damals gehandelt hatte. Es musste also auch damals so gewesen sein, dass Frau Salim diese Blockade wahrnahm und ohne Kommentar zu einem anderen Angebot wechselte.

Alternativ bekam ich einen Forschungsauftrag von ihr. Ich sollte die Gefühle notieren, die ich kurz vor einer Fressattacke hatte. Denn mit dem In-mich-Hineinstopfen lebte ich vermutlich unterdrückte Gefühle aus.

Die einzelnen Schritte waren:

1. Meinen Körper scannen und meine Körpersymptome wahrnehmen.

2. Gedanklich feststellen, welches Gefühl da ist. Worauf möchte es mich hinweisen? Z.B.: Was hat mich verletzt? Was hat wehgetan?

3. Und dann handeln: Nach Wunsch agieren oder meine Wut abreagieren, z.B. aufstampfen, auf den Tisch klopfen, in ein Kissen schreien.

4. Überlegen, ob ich das Thema mit mir alleine abmachen kann, oder es in einer Beziehung Redebedarf gibt.

Gerne wollte ich diese Aufgabe erfüllen, doch interessanterweise bekam ich die Zeit danach keine Fressattacken mehr. Und ein paar Wochen danach war die Übung vergessen. Es schien mir, als ob ich das Geheimnis für dieses hastige Futtern für mich behalten wollte. Deshalb nahm ich das Gefühl auch intuitiv nicht mehr an meinen ISO. Was ich spürte war, dass ich immer unter Hochspannung stand. Bisher hatte ich gedacht, dass dieses Gefühl normal sei. Denn was man kennt, hält man ja für normal. Nun spürte ich, wie diese ständige Anspannung schmerzte. Doch in der Therapie sprach ich dieses Thema nicht mehr an. Wenn die Gründe geheim bleiben wollten, dann wollte ich das auch akzeptieren. Und Frau Salim hakte nicht nach. Dafür war ich ihr sehr dankbar.

Therapiemonate 17 – 20

Das Thema Jugendfreunde tauchte nach wie vor in meinen Gedanken auf. Ich war mir sicher: Irgendetwas hatten diese Erfahrungen mit unseren Eheproblemen zu tun. Das spürte ich.

Eines Nachts träumte ich:

Ich begegnete in Stuttgart einem Mann, den ich unbedingt kennenlernen wollte. Ich wagte nicht, ihn anzusprechen. Doch der Zufall wollte es, dass wir uns immer wieder begegneten. Dann sprach er mich an. Dabei spürte ich die Anziehung, die dieser Mann auf mich ausübte.

Plötzlich war ich mit dem Fremden bei meiner Mutter zu Hause. Und meine jüngste Schwester, Susanne, sprang auf mich zu, als ob ich ihre Mutter wäre. Der Mann sagte sanft: „Ich mag Kinder!"

Ich spürte, dass ich genau diesen Mann heiraten wollte. Doch ich war bereits verheiratet, hatte Kinder und konnte keine Kinder mehr bekommen. Außerdem wollte ich meinen Mann Timm nicht verletzen. Ich geriet völlig in Panik, denn ich wollte glücklich sein, gleichzeitig aber Timm nicht verletzen.

Der Mann ging und Timm kam. Als ich ihn sah, stellte ich voller Glück und Erleichterung fest, Timm war dieser Mann der Anziehung. Er war der alte und neue Mann in meinem Leben. Ich hatte ihn bisher nur nicht erkennen können. Ich war im Glück und voll unendlicher Liebe für meinen Timm!

Dieses warme Gefühl trug mich durch den nächsten Tag. Und dann, bei einem einsamen Spaziergang, kam eine erleuchtende Gedankenverknüpfung zustande. Meine Eltern hatten mir ja stets den Freund ausgeredet und weggenommen, den ich liebte. Dieses Risiko wollte ich bei Timm nicht noch einmal eingehen. Deshalb hatte ich unbewusst so getan, als ob ich ihn nicht wirklich lieben würde und das auch noch selbst für wahr gehalten. Was für ein Drama, denn dieses „so tun als ob" hatte uns mehr als 30 Jahre Kämpfe und Nöte eingebracht.

Weinend vor Glück kam ich wieder zu Hause bei meinem Timm an. Schluchzend berichtete ich ihm von meiner Erkenntnis. Er nahm mich behutsam in den Arm und hielt mich ganz fest. „Ja", sagte er, „das fühlt sich auch für mich wahr an." Endlich hatten wir unsere Liebe wiedergefunden, die wir nun auskosten wollten.

Ich schwebte wie auf Wolke 7 und hätte die ganze Welt umarmen können! Glücklich beendeten wir unsere Paartherapie. Denn nun würde alles gut werden.

Es war erstaunlich, wie von einem Moment zum anderen der tägliche Ehekleinkrieg einem behutsam, liebevollen Umgang miteinander weichen konnte. Eine Beziehung ohne Leistungsdruck entstand. Timm und ich durften nun so sein, wie wir waren: Liebende, mit Ecken und Kanten.

Erstaunlich war beispielsweise, dass ich nun jede Umarmung von Timm genießen konnte. Denn ich fühlte diese Annäherung als das, was sie war: Ein Liebeszeichen ohne Verpflichtung auf „Liebe machen".

Mein Ansatz, der besagte, dass dieser Ehekrieg eine positive Absicht hatte, war bestätigt. Meine Seele hatte alles dafür getan, um mit meiner großen Liebe Timm zusammenbleiben zu können.

Heute denke ich, dass ich aus dieser neuen Sicherheit und diesem Liebesgefühl heraus bereit war, mein Trauma zu bearbeiten. Der Nebenschauplatz war geschlossen. Er hatte Liebe, Sicherheit und Geborgenheit Raum gegeben. Ein Wunder, das mich auch heute noch mit unendlicher Dankbarkeit erfüllt.

Das Trauma fordert Aufmerksamkeit

Zufällig hatte Timm ein paar Tage später beim Zappen die Sendung der Fernsehpsychologin Angelika Kallwass[15] eingeschaltet. In dieser Sendefolge wurde ein Fall aufgedeckt, der meine schlimmsten Kindheitserinnerungen in mir wachrief. Ich spürte, wie ich erstarrte und fühlte mich wie von Watte umhüllt. Tiefe Traurigkeit erfüllte mein Herz. Mein Bauch wurde ein riesiges Loch. Wie ein Roboter, ganz mechanisch, begann ich Kekse zu essen. Trotzdem blieb meine Starre, Sprachlosigkeit

---

[15] Psychologin mit eigener Therapiesendung im TV.

und Fassungslosigkeit. Tränen wollten geweint werden. Doch sie blieben ungeweint, schockgefrostet in den Tränenkanälen. Trotzdem spürte ich sie in meinen Augen.

Am nächsten Tag chauffierte mich Timm zur Therapiesitzung. Ich war nicht ganz im Hier und Jetzt. Ich sprach wenig und hatte Mühe, Frau Salims Worten zu folgen. Meine Tagebucheintragungen zu dieser Sitzung sind dürftig. Aus den wenigen notierten Wortfetzen bastelte ich mir später folgende Erklärung: Durch diesen Kallwass-Fall war ich ganz konkret an meine kindliche Notsituation erinnert worden, sodass ich völlig in meine damalige Gefühlswelt des Traumas zurückkatapultiert worden war. Dies war ein emotionaler Zustand wie im Trauma selbst. Ich konnte weder fliehen, noch mich der Qualen erwehren. Ich war hilflos, ausgeliefert und erstarrt.

Nun war es also soweit. Das Trauma hatte mich eingeholt. Ich war völlig erschöpft. Deshalb befolgte ich gerne den Rat von Frau Salim, gönnte mir Ruhe und schlief viel. Sooft ich den Drang danach verspürte, führte mich mein Weg zu meinem neuen inneren Erholungsort. Nur gut, dass ich nun durch das Fundament der Liebe zu Timm im Außen in Sicherheit war. Vertrauensvoll konnte ich mich in die Armen meines Mannes flüchten und regenerieren. Timm forderte nichts, war einfach nur da, wenn ich ihn brauchte.

Wandel 19

Tage später kam ich wieder an meinen ursprünglichen ISO.

Alle Seelenanteile agierten wie immer. Nur in einer Ecke hinten links meines ISOs sah ich ein Kind in Embryonalstellung. Es war Mäuschen, mit dem panischen „Ertappt-werden-Gefühl". Es war inzwischen ungefähr fünf Jahre alt, trug ein rosa Nachthemdchen und kauerte wimmernd am Boden. Ich nahm Mäuschen behutsam in meine Arme und streichelte ihm über das blonde Lockenköpfchen. Dann sage ich zu ihm: „Du wurdest ganz schlimm verletzt." Und wie ich das so gedanklich aussprach, bekam ich selbst starke Unterleibsschmerzen und fürchtete, ohnmächtig zu werden. Offensichtlich fühlten wir beiden gerade das Gleiche. Deshalb legte ich die Kleine schnell - aber vorsichtig - in ihr Kinderbettchen, deckte sie zu und versprach, am nächsten Tag wiederzukommen. Denn jetzt musste ich erst einmal mich in Sicherheit bringen. Mein Unterbauch schmerzte noch immer und ich dachte: „Nun ist der Schmerz da, wo die Verletzung körperlich stattfand."

Eine sehr unruhige Nacht folgte, in der ich immer wieder aufschreckte und nur leicht dahindämmerte.

Gleich am nächsten Morgen suchte ich wieder meinen ISO auf. Ich wollte die Kleine nicht so lange allein lassen.

Ich versorgte sie mit einer Kuscheldecke, Tee und Streicheleinheiten. Und versprach erneut zu kommen.

Danach musste ich fluchtartig mein Bett verlassen. Ich musste in der Gegenwart sein, mich bewegen, damit ich nicht mehr spüren musste, wie es der 5-Jährigen ging. Mein Notfallkoffer mit ausreichend Ablenkungsmaterial kam zum Einsatz.

Wandel 20

Am Abend besuchte ich gezielt mein kleines Ich am ISO. Mäuschen lag in seinem Bettchen und war bis zur Nasenspitze zugedeckt. Ich überlegte mit ihm, wie wir uns künftig gegen Angreifer jeglicher Art wehren könnten. Wir könnten: boxen, treten, kneifen, kratzen und beißen. Wir Seelenschwestern fühlten uns gestärkt. Trotzdem musste ich, die Erwachsene, danach wieder rasch gehen, da ich erneut fürchtete, bewusstlos zu werden.

In der realen Welt angekommen, konnte ich mich rasch beruhigen, da ich wusste: Nun beginnt auch bei meinem kleinen Ich die Heilung. So verwunderte es mich auch nicht, dass ich erneut einige Tage nur an einen Wellnessort, den Ersatz-ISO, gelangte, um zu regenerieren.

Ich hatte beschlossen, mir eine Freude zu bereiten und mir Nagellack zu kaufen. Mutig fuhr ich alleine mit meinem Auto zum Drogeriemarkt. Ich parkte auf dem Firmenparkplatz. Beschwingt kehrte ich mit meinem Kauf zum Auto zurück. Kurz bevor ich mich in den fließenden Verkehr der Straße einordnen konnte, fuhr mir ein gerade noch parkendes Auto mit einem Schnellstart in die rechte Autoseite. Es tat einen fürchterlichen Schlag. Ich hatte keine Ahnung, wie das passieren konnte. Die andere Fahrerin und ich stiegen aus. Die Unfallgegnerin sagte zu mir: „Es tut mir leid. Ich bin voll in Sie reingefahren. Ich war durch den Wind und habe nur nach rechts, auf meinen Weg, geschaut. Dass Sie da schon am Ausfahren waren, habe ich nicht beachtet."

Obwohl meine Unfallgegnerin die ganze Schuld auf sich nahm, rief ich die Polizei und bewegte meinen Wagen keinen Millimeter mehr. Immer wieder schrien mich andere Autofahrer an, die den Parkplatz verlassen wollten und durch die Unfallfahrzeuge behindert wurden. Doch ich blieb stur und war dabei stolz auf mich. Ich brauchte Klarheit. Denn vielleicht war ich ja doch schuld, so wenig wie ich in den vergangenen Jahren selbst mit dem Auto gefahren war. Oder die Frau würde plötzlich ihre Aussage verändern, mir den Schwarzen Peter zuschieben.

Die Polizei nahm den Unfall auf und beruhigte mich. Ich hatte wirklich absolut keine Schuld, weil ich bereits auf der Ausfahrspur fuhr und am Heck angefahren wurde. Die Frau war tatsächlich aus der Parklücke gefahren, ohne den fließenden Verkehr zu beachten.

Der Unfall wirkte nach. Ich fühlte mich, trotz der Information im Recht zu sein, in meiner Wahrnehmung verunsichert. Deshalb musste ich mich bei der Fahrt in die Werkstatt besonders konzentrieren. Beinahe hätte ich die Einfahrt zu ihr übersehen. Timm holte mich bei meinem defekten Fahrzeug ab. Alle Kosten wurden von der gegnerischen Versicherung übernommen.

Frau Salim anerkannte mein Verhalten nach dem Unfall. Sie bestärkte mich darin, in dieser Situation gut auf mich geachtet zu haben. Ich hatte auf meinem Recht bestanden, ich war aktiv geworden, hatte die Polizei gerufen und kam so aus meinem Gefühl des Ausgeliefertseins heraus.

Wandel 21

All meine Unfallgefühle nahm ich am Abend mit an meinen ISO. Eine solche Aktion war in der Zwischenzeit Routine für mich geworden. Ich selbst schrie

Schimpfworte in den Garten und ließ meinem Unmut freien Lauf. Das entlastete mich.

Danach hörte ich Mäuschen wieder wimmern. Ich spürte, dass ich in meiner aktuellen Verfassung keine Verantwortung für die Kleine übernehmen konnte. Deshalb bat ich eine Heil-Fee, Mäuschen zu beschützen, und die seelischen und körperlichen Wunden zu versorgen.

Nach Rückmeldung meines Mannes schlief ich in dieser Nacht sehr unruhig und schlug sogar um mich.

Am Tag, im Hier und Jetzt, lösten manche Bilder, Worte und Bewegungen Unterleibsschmerzen aus. Deshalb bat ich Timm, mich in den nächsten Tagen nicht zu berühren. Durch unsere neue liebevolle, achtsame Beziehung hatte ich meinen Mann mehr in meine Therapie eingebunden. Deshalb wusste er, in welcher schwierigen Phase ich mich gerade befand und konnte meinen Wunsch verstehen und einhalten. Er wusste, dass auch mein Rückzug der Heilung meiner Seele diente. Auch geistig war ich wenig aufnahmefähig. Ich vergaß viel, war schusselig, unkonzentriert und hatte Probleme, mein Therapietagebuch zu führen.

Therapiemonate 21 – 24

Start ins EMDR

Es gelang mir, diese aktuellen Probleme und meine Inaktivität relativ gelassen hinzunehmen, weil ich wusste, dass auch diese Phase vorbeigehen würde. Mein Gehirn arbeitete auf Hochtouren, das hatte ich verstanden. Zum einen musste mein Kopf alltägliche Ereignisse und Sinnesreize wahrnehmen, verarbeiten und in Bekanntes einsortieren. Zum andern war da noch die alte Geschichte, die im Moment noch als einzelne Erinnerungssplitter wie Gefühle, Worte, Gerüche und Bilder unzusammenhängend auftauchten.

Im Trauma damals waren sie zum Schutz meiner Seele vor Reizüberflutung als Erlebnissplitter an unterschiedlichen Stellen meines Gehirns gespeichert worden. Nun war mein Kopf dabei, all diese Teile zusammenzutragen, neu zu ordnen, in Bekanntes einzuordnen und in einen zeitlichen Ablauf zu bringen. Ich begann, Worte für das damals Geschehene zu finden. Die Verarbeitung meines Traumas hatte begonnen. Kein Wunder, dass ich deshalb durch den Wind war, verwirrt und müde. Manchmal hatte ich auch das Gefühl raum- und zeitlos zu sein, zu erstarren oder in eine Sprachlosigkeit zu verfallen.

In dieser Phase bot mir Frau Salim zur Verarbeitung des Traumas EMDR an. Da ich mich im Internet über diese Methode informiert hatte war ich bereit das Experiment zu wagen. Bei der Übung würde ich wie am ISO oder beim Träumen Bilder bekommen.

Drei Vorgehensweisen zum Stimulieren der beiden Gehirnhälften waren möglich: eine Scheibenwischer-Fingerbewegung vor den Augen, ein wechselweises Klopfen auf die Oberschenkel oder Impulsgabe auf die Oberarme. Konkret sollte ich bei Übungsbeginn entscheiden, welches Vorgehen mir recht war.

Für den ersten Versuch sollte ich ein Thema außerhalb des Traumas wählen. Mit der Vergangenheitsarbeit konnten wir fortfahren, wenn ich wusste, wie die Methode bei mir funktionierte. Dieser Vorschlag von Frau Salim machte mir den Einstieg ins EMDR relativ einfach.

Ein immer wiederkehrendes Thema war mein Wunsch, ein neues Buch zu schreiben. Spannende Themen schwirrten mir genug durch den Kopf. Doch da zu diesem Zeitpunkt die Verkaufszahlen meiner bereits geschriebenen Bücher ein Verkaufstief hatten, fürchtete ich, nur Mist zu produzieren, bzw. dummes Zeug zu schreiben, das keinen Leser interessieren würde. Diese Gedanken erstickten jede Idee für ein neues Buchprojekt. Darüber war ich sehr traurig, denn ich hatte doch allen Grund, die Freude über meine neue Liebe publik zu machen. Außerdem war Schreiben mein Lebenselixier. Es war die Technik, in der ich mich mit allen Fasern meines Seins ausdrücken konnte.

Frau Salim nahm meinen Vorschlag gerne an. Ich war neugierig auf dieses Experiment, freute mich auf die Bearbeitung des Schreib-Themas. Würde ich tatsächlich aus meinem aktuellen Gefühlstief heraus kommen?

Die wechselseitige Aktivierung der Gehirnhälften wünschte ich mir durch Antippen der Beine oberhalb der Knie. Denn ich wollte bei der Übung die Augen geschlossen halten, um besser bei mir bleiben zu können. Deshalb schien mir die Scheibenwischer-Bewegung von Frau Salims Zeigefinger unpassend zu sein. Berührungen an den Oberarmen wären mir körperlich zu nah gewesen.

Ich saß aufrecht in meinem Sessel. Frau Salim saß mir dicht gegenüber und klopfte ein paar Mal abwechselnd auf meine beiden Oberschenkel. Dabei stimmten wir die Geschwindigkeit und Stärke der Impulse ab. Nun konnte es losgehen.

Erste EMDR-Sitzung

Ich formulierte mein Problem. Aus dem früheren Verhalten meiner Mutter hatte sich für mich der folgende Glaubenssatz manifestiert: „Das, was du sagst, interessiert niemanden." Bereits beim Formulieren des Satzes spürte ich in meinem Brustraum Druck, Enge und Traurigkeit. Verzweiflung breitete sich in mir aus. Und als ich die Stärke dieser Gefühle mit Schulnoten bewerten sollte, so bekamen diese eine 5. Schließlich konnte ich das Gefühl ja gerade noch aushalten.

Dann schloss ich die Augen und fühlte mich bewusst in den Satz ein: „Das, was du sagst, interessiert niemanden." In den folgenden Klopfsequenzen entwickelte sich in mir der folgende Film:

Ich bin mit meiner Mutter in einem Zimmer und höre, wie sie mir erzählt, dass Eva[16] besser lesen, schreiben und singen könne als ich. Ich stehe starr da und werde immer trauriger und kleiner. Da taucht Pumuckl aus meinem Helferteam auf und kehrt die Mutter mit einem Reisstroh-Besen schwungvoll aus dem Zimmer hinaus. Die Mutter landet auf einer grünen Wiese. Kurz darauf verwandelt sich meine Mutter in eine Kuh. Damit diese nicht zurücklaufen kann, entsteht um sie herum ein Pferch. Nun kann ich mich frei bewegen.

In der nächsten Szene schäme ich mich dafür, dass mir das letzte Bild gefallen hat. Doch dann taucht ein Esel auf der Wiese auf. Er frisst Sahne. Unglaublich dabei ist: Je mehr der Esel frisst, desto mehr Sahne ist da.

In der Klopfpause berichtete ich Frau Salim, was ich gesehen hatte. Für mich war klar: Die Sahne ist das Symbol für das, was ich schreibe. Sahne ist süß und lecker. Da konnte das, was ich schreibe, wohl nicht so übel sein. Der Esel, der meine Texte vernichten wollte, schaffte es nicht, meine Werke zu beseitigen. Ich fühlte mich sogar von dem Vielfraß angespornt.

Dann ging das Kopf-Kino weiter:

Ich schaute der Sahneproduktion zu und wurde ruhiger. Kurz danach sah ich ein Seeufer mit einer Trauerweide. Ich ging darauf zu und setzte mich unter den Baum. Mit meiner rechten Hand strich ich behutsam über das Gras. Ich fühlte mich super, leicht, geerdet, entspannt und in mir ruhend, bis ich eins mit der Natur war.

---

[16] Meine Kindergarten- und Schulfreundin

Nach dieser Bildersequenz wollte ich diesen Film beenden. Ich fürchtete, bei der nächsten Klopfsequenz dieses kraftvolle Bild zu verlieren. Frau Salim akzeptierte meine Entscheidung ohne Wenn und Aber. Ich konnte wieder zuversichtlich ans Schreiben denken. Dabei stellte ich mir auch vor, mit einem Verleger in ein lockeres Gespräch zu kommen.

Tatsächlich ergab sich ein paar Tage später in einer Buchhandlung ein interessantes Gespräch mit einer Verlegerin. Zufall? Dabei bekam ich das Gefühl: Wenn mein Buch in ihr Sortiment passt, dann kommen wir zusammen.

In den folgenden Tagen schwebte ich auf Wolke sieben. Ich ging schwanger mit meiner neuen Buch-Idee: „Späte Liebe". Auch wenn ich diese Idee wieder verwarf, so fand sie doch teilweise ihren Platz in diesem Buch.

Wie ich beim Übernehmen meiner Tagebuchaufzeichnungen entdeckte, waren die Gedanken zum Trauma und die vielen Flashs unbewusst für eine Weile beiseitegeschoben. Wundervoll, wie mein Körper reagierte. Eine kleine Auszeit mit optimistischen Gedanken stärkte mich für die nächste Etappe der Trauma-Verarbeitung. Ich genoss die aktuelle Gelassenheit und Ruhe in mir.

Doch dann flackerte die Angst auf, dass dieses gute Gefühl wieder ganz verschwinden könnte. Ich verkrampfte mich und bekam einen Hexenschuss. Diesen Schmerz schickte ich sogleich an den ISO, ohne selbst mitzugehen. Er durfte dort versorgt werden. Parallel dazu nutzte ich meine gedankliche Heildusche zur Schmerzlinderung. Diese Schmerz-behandlung hatte ich aus meiner Tresordusche entwickelt.

In den Nächten danach, begannen Alpträume mir das Leben schwer zu machen. Nach solchen unruhigen und schrecklichen Nächten, fühlte ich mich am Tag wie erschlagen, müde und erschöpft. Die Erinnerung an meine Vergewaltigung als 11-Jährige im Urlaub war plötzlich wieder präsent. Ich bekam Atemnot, Beklemmungen und Halsschmerzen. Es waren Beschwerden, die ich auch aus der Vergangenheit kannte. Ich erinnerte mich an die Erleichterung, die ich verspürte, wenn ich als Kind Halsschmerzen hatte. Manchmal trainierte ich sogar, nicht mehr sprechen zu können. Doch meine gefährliche Stimme, die das Geheimnis hätte verraten können, kam immer wieder.

Zweite EMDR-Sitzung

Das Urlaubserlebnis mit elf Jahren war die Ausgangssituation meiner nächsten EMDR-Sitzung. Denn seitdem ich begonnen hatte, Bruchstü-cke dieses Ereignisses zu erinnern, konnte ich diese Gedanken und da-zugehörigen schlimmen Gefühle immer nur für kurze Zeit wegdu-schen.

Deshalb war das Bild für die nächste EMDR-Sitzung leicht vor mein in-neres Auge zu holen. Die dazu gehörenden Gefühle wie Ekel, Hilflosig-keit und Todesangst waren automatisch dabei. Auch die Qualifizierung des Ereignisses mit der Note 6 war mir klar. Zwar lebte ich noch, doch ich fürchtete, das Bewusstsein zu verlieren.

Vertrauensvoll begab ich mich in die „klopfenden Hände" von Frau Salim. Für den größten Teil dieses Films erinnerte ich keine Bilder, die ich hätte später notieren können. Zu sehr war ich mit mir und dem, was in meinem Kopf herumwirbelte beschäftigt.

Ich erinnerte nur noch, dass mich zu Beginn, für einen kurzen Augenblick diese fürchterliche Situation mit all ihren Empfindungen erfasste. Doch bevor ich diese Gefühle nicht mehr aushalten konnte, entschärfte sich das Bild mit den dazu gehörenden Emotionen.

Ich schnitt dem Täter einen gewissen männlichen Körperteil ab. Dann stieß ich den Kerl von mir und kotzte ihn an. Er wand sich wie ein Wurm auf dem Boden. Ich ging entspannt und befreit in die Natur und kam mit einem Wasserschlauch zurück. Mit einem starken Strahl eiskalten Wassers spülte ich den Wurm und sein abgeschnittenes Anhängsel durch ein Bodenloch in die Hölle. Dann verschloss ich dieses Loch mit einer bruchsicheren Glasscheibe. Ich sah den Kerl im Höllenfeuer schmoren. Danach ging ich erneut in die Natur und genoss den Frieden, die Befreiung und eine neue Unbeschwertheit.

Mit diesem genialen Gefühl der Erleichterung ließ ich mich von Timm nach Hause bringen. Wie gut, dass er für die EMDR-Sitzungen wieder mein Chauffeur war. Denn nach diesen intensiven Gefühlen und Filmen war ich froh, schweigsam in mich zurückgezogen sein zu können. Denn diese Sitzungen wirkten nach. Und Timm fragte nichts, ließ mir den Raum, den ich brauchte.

Das ruhige Meer

Zwei Tage ging es mir richtig gut. Ich nutzte meine neue Beweglichkeit für Spaziergänge. Ich brauchte Ruhe und Rückzug. Bei meiner nächsten Therapiesitzung war ich trotzdem erneut unter Hochspannung, was Frau Salim wohl spürte. Denn ich saß erst einmal stumm und müde in meinem Sessel. Dann berichtete ich, wie verwirrt, überreizt und übernächtigt ich mich fühlte. Frau Salim erinnerte mich dran, dass dieses Durcheinander von der Verarbeitung der traumatischen Ereignisse im Gehirn herrühre und völlig normal sei. Deshalb seien auch die Vorübungen wie der Notfallkoffer, der Tresor, das Helferteam und besonders das Vertrauen in die Therapeutin so wichtig gewesen. Das konnte ich nur bestätigen. Zu einem früheren Zeitpunkt hätte ich mich wohl kaum auf die zweite EMDR-Sitzung eingelassen und gewagt, diese Phantasiebilder zu beschreiben. Denn vor einigen Wochen hätte ich noch gedacht, die Bilder seien Zeichen meines Wahnsinns. Die Angst vor der Psychiatrieeinweisung wäre wieder da gewesen. Diese hätte vermutlich jegliche Heilungsphantasien abgewürgt. Doch nun wusste ich, dass meine Phantasie die Kraftquelle zu meiner Heilung war.

Um wieder Kraft schöpfen zu können, entführte mich Frau Salim mit einer Meditation in eine Zauberwelt im Meer.

Ich saß gedanklich auf dem Meeresboden in einer großen mit Seetang gepolsterten Muschel. Und als ob es das Natürlichste der Welt wäre, atmete ich das Wasser mit der Luft ein und wieder aus. Algen, Korallen und andere wundervolle Wasserwesen schmückten meine Umgebung. Fische näherten sich mir neugierig, um dann an mir vorbei zu schwimmen. Alles war sicher, friedlich und ruhig. Ich war eins mit der Natur.

Wendete ich meinen Blick nach oben, sah ich, wie sehr die Wasseroberfläche in Bewegung war. Ein Sturm schien über das Meer zu ziehen. Doch er war weit entfernt, ohne mich in der Tiefe zu erreichen. Ich konnte wählen, wohin ich schaute. Ich spürte, wie ich mehr und mehr zur Ruhe kam, selbst wenn ich oben den Sturm betrachtete.

Diese Übung brachte mir für einen Augenblick inneren Frieden. Zum obigen Sturm hatte ich in der Phantasiereise ausreichend Abstand. Was für eine wohltuende Übung für diese Therapiephase und spätere Zeiten. Gestärkt kam ich dann wieder gedanklich und körperlich in den Therapieraum zurück.

Die neue Wertschätzung in unserer Ehe war ebenfalls ein wundervolles Geschenk, um diese Phase einfacher bewältigen zu können. Denn nun, da ich mir unserer Liebe sicher war, fielen unsere Streitigkeiten weg. Jeder wusste vom anderen, dass er all das, was er zum jeweiligen Zeitpunkt geben konnte, dem anderen schenkte. So schien es für Timm selbstverständlich zu sein, dass ich nun viel Zeit für mich brauchte. Er begann, Aufgaben im Haushalt zu übernehmen. Durch diese achtsame, akzeptierende Art fühlte ich mich trotz aller aktuellen Unzulänglichkeiten zunehmend wertvoller. Und bei einem Spaziergang ertappte ich mich sogar dabei, wie ich in die Schaufenster- und Autoscheiben blickte und dachte: „Mit dem hellen Schal siehst du richtig gut aus."

Weil ich von der EMDR-Behandlung so begeistert war, stöberte ich im Internet, ob auch ich eine EMDR-Ausbildung machen könnte. Denn das wäre auch etwas, das ich dann in künftigen Beratungen hätte einsetzen können. Tatsächlich gab es eine Möglichkeit, die mich lockte.

Von dieser Möglichkeit war ich völlig begeistert und berichtete Timm davon. Dieser fand meine Idee gut und wollte mich dabei unterstützen. Was für eine schöne Auswirkung unserer neu entdeckten Liebe. Ich wurde gehört und ernst genommen!

Wandel 22

An einem der folgenden Abende brachte sich außen an meinem ISO automatisch ein Schild an: „Für Esel und Kühe Zutritt verboten!" Danach zauberte ich mir mit einem Zauberring meine ideale Mutter *und frage sie, was sie an ihrer Tochter schätzte. Sie sagte: „Ich liebe deinen Humor, deine Ideen, dass du pfiffig bist, deine Intelligenz und Lösungsideen, deine Herzenswärme, deine strahlenden Augen und dein Lachen. Du bist einfach goldig." Es war so wohltuend diese Worte zu hören und auch fühlen zu können. Tief in meinem Herzen nahm ich dieses Gefühl auf, während ich wie immer ruhiger werdend in meinem Terrassensessel lag.*

Dieses ganz besondere schöne Gefühl trug mich durch den folgenden Tag. Und obwohl ich sonst sehr spontan war, entschied ich mich, mit der Anmeldung zum EMDR-Seminar zu warten. Nachdem ich den Mut gehabt hatte, meinen Wunsch frei auszusprechen und wusste, ihn umsetzen zu können, war mein Drang nach dieser Ausbildung geringer geworden. Denn nun konnte ich wirklich frei wählen. Und plötzlich kamen auch Gegenargumente zur Ausbildung. Ich wollte ja weniger Beratungen machen und dafür mehr schreiben und leben. Und nachdem der Esel meine Texte immer wieder fraß, würde ich viel schreiben müssen, bis ich damit zufrieden war. Also verwarf ich die Idee zur EMDR Ausbildung.

Als ich nachmittags spazieren ging, entdeckte ich, wie viele Dinge mir heute wichtig waren, die ich von meiner Mutter bekommen hatte. Früher hatte ich die geschenkten Tarot-Karten, Heilsteine und Engel abgelehnt. Und nun gehörten diese Dinge für lange Zeit zu meinem Leben. Was für eine Bereicherung und emotionale Annäherung an meine Mutter.

Bei all der Zufriedenheit wie sich mein Leben veränderte, plagte mich erneut mein Körpervolumen. Ich hatte ein Pfannkuchen-Gesicht und war sehr unglücklich darüber. Ich überlegte, was ich da

gegen tun könnte. Deshalb startete ich noch einen Abendspaziergang mit dem Thema: Ich bin dick! Beim Gehen, das ich meine kleine EMDR-Übung[17] nannte, veränderte sich mein Bild von mir. Es entstand der Gedanke: „Ich brauche im Augenblick noch so viel Lachmasse, um gut

---

[17] Mein kleines EMDR = Da beim Gehen auch wechselweise beide Gehirnhälften aktiviert werden, nutzte ich meine Themenspaziergänge, um Problemlösungen zu finden.

durch die Verarbeitung meines Traumas zu gelangen. Alles ist gerade genauso, wie es sein soll. Das Thema Gewicht ist später dran."

Urlaub

Timm und ich planten einen Kurzurlaub. Ich freute mich sehr darauf. Gleichzeitig spürte ich, wie sich auch Angst ganz heimlich wieder in meine Gedanken einschlich. Mist! Da dieses Problem erst kurz vor Reiseantritt auftauchte, spielte ich selbst Frau Salim und sagte zu mir: „Sorgen Sie gut für sich. Was brauchen Sie? Notfallmedikamente sind erlaubt. Und zur Not auch ein paar Tropfen Ihres Beruhigungsmittels!" Dadurch entspannte ich mich wieder. Alles durfte so sein, wie es kommen würde.

Wir verbrachten vier wunderschöne Tage in Bad Segeberg und an der Ostsee. Nur bei der Hinfahrt brauchte ich meine Reisetabletten und ein leichtes Beruhigungsmittel. An den anderen Tagen war ich gelassen und entspannt, auch ohne Hilfsmittel. Die Notfallapotheke blieb geschlossen. Wir genossen als frisch verliebtes Paar unser Beisammensein ohne Alltag. Leichtigkeit begleitete mich.

Dritte EMDR-Sitzung

Für die nächste EMDR-Sitzung rief ich mir die Verletzungen durch meinen Vater ins Gedächtnis. Damit startete ich in die Übung:

Gedanklich lag ich völlig erstarrt in meinem Jugendbett und war völlig verwirrt. Wie konnte mein Vater mir nur so wehtun und trotzdem behaupten,

dass er mich liebt? Das durfte und konnte alles nicht sein. Ich flüchtete in eine
rosa Schutzblase mit vielen Stacheln außen. Nun war ich in Sicherheit.

Einige Zeit später stand mein Vater neben mir. Ich umklammerte sein rechtes
Bein, als er weggehen wollte. Denn ich liebte ihn! Ich wollte, dass er blieb. Ich
fragte mich, ob er mir vielleicht weniger wehgetan hätte, wenn ich brav gewe-
sen wäre?

Die Zwischenstufen dieser Sitzung fehlen in meinem Tagebuch komplett. Erst an das Ende konnte ich mich wieder erinnern.

Eine Stimme sagte: „Das Kind muss jetzt gehört werden! Es darf jetzt schreien
und sich wehren."

Leider kamen wir in dieser Stunde nicht weiter, weil die 1 ½ Stunden
Therapie bereits vorbei waren. Ich musste deshalb mit diesem unguten
Gefühl nach Hause gehen. Beim nächsten Therapietermin würden wir
an diesem Punkt wieder anknüpfen. Zu meiner Entlastung hatte mir
Frau Salim allerdings angeboten bei ihr anrufen zu können, falls mir die
Selbsthilfetechniken nicht reichen würden.

Die Tage danach war ich besonders aktiv. Ich wollte mich ablenken. Ich
putzte und ordnete, konnte kaum ein Ende finden. Abends hatte ich
Mühe, zur Ruhe zu kommen. Nur mein innerer Wellnessort ermöglichte ein kurzes Entspannen. Mein Schlaf war nach ein paar kurz empfundenen, unruhigen Stunden vorbei und ich musste weiter putzen und
entrümpeln.

Und dann passierte etwas ganz Besonderes. Wie jeden Sonntag schaute ich mit Timm die Sendung mit der Maus. Als „Shaun das Schaf" kam, entdeckte ich plötzlich, dass sich Shaun von den anderen Schafen unterschied. Bisher waren alle Schafe für mich gleich gewesen. D.h. im Prinzip hatte ich mich immer gefragt, woher mein Mann wusste, welches Schaf der Frechdachs Shaun war. Nun entdeckte ich einen Unterschied. Shaun war das Schaf mit dem Fellkrönchen.

Diese Erkenntnis wurde noch durch ein anderes Phänomen getoppt. Die Farben der Naturfilme waren plötzlich klarer, heller und wunderschön bunt. Es war, als ob ein Nebelschleier von meinen Augen weggenommen worden wäre. Oder anders gesagt. Es war so, als hätte ich bisher durch eine zu schwache, völlig verdreckte Brille gesehen und betrachtete nun mit, passender Glasstärke und frisch geputzten Gläsern die Welt. Von dieser Pracht konnte ich nicht genug bekommen. Plötzlich interessierten mich Naturfilme, am besten ohne Ton. Staunend wie ein kleines Kind saß ich dann mit offenem Mund da und schaute gebannt auf den Bildschirm. Ich sog Bild um Bild mit seiner farblichen Stimmung in mich auf, so als hätte ich noch nie eine Blüte, einen Wald einen See oder einen Felsen gesehen. Manchmal saß ich da, emotional so berührt, dass mir einfach nur so die Tränen über die Wangen liefen.

Ein anderes Mal saß ich beim Fernsehen an meinen Mann gekuschelt da und genoss die körperliche Nähe und Farbenvielfalt. Mir wurde plötzlich bewusst, dass dieses Verhalten dem entsprach, das ich an meinem ISO auf dem roten Sofa gesehen und gefühlt hatte. Die jungen Leute hatten Zärtlichkeiten ausgetauscht, ohne sexuelle Forderungen. Und der Clou: In der Zwischenzeit besaßen Timm und ich ein rotes Sofa.

Eines Morgens, als mein Mann und ich uns beim Frühstück gegenübersaßen, entdeckte ich, dass Timm wunderschöne, strahlend blaue Augen hatte. Das hatte ich tatsächlich noch nie bewusst wahrgenommen. Nun verstand ich die Menschen, die bei Personenbeschreibungen auch die Augenfarbe eines Gegenübers angeben konnten. Ich hatte bisher nicht dazu gehört.

Vierte EMDR-Sitzung

Und dann hatte ich in der nächsten Therapiesitzung erneut einen positiven Durchbruch. Nachdem es mir zu Beginn dieser EMDR-Übung schlechter ging als zu Beginn der letzten Sitzung, wuchs der Drang, mich zu wehren.

Ich biss und kratzte meinen Vater.

Plötzlich war ein Schutzengel an meiner Seite. Ich spürte in diesem beschützten Zustand, dass ich das Herz meines Vaters berühren musste, um ihn wach zu rütteln. Die Kleine schrie: „Vertreibe den Teufel aus deinem Herzen!"

Ich erinnere mich nicht, wie lange ich das innerlich schrie.

Fakt war: Die Kleine vertrieb den Teufel aus dem Herzen ihres Vaters. Es war, als ob er aus einem bösen Traum erwachte. Er war so fassungslos wie ich und entschuldigte sich tausendfach. Seine Maske fiel und ein liebevoller Vater nahm mich auf den Schoß. Ich fühlte mich sicher und geborgen. Lange saßen wir beide

so da und weinten. Zuerst waren es Tränen des Schocks. Doch allmählich wan-
delten sie sich in Tränen der Trauer und des Schmerzes.

Auch im Hier und Jetzt spürte ich große Erleichterung, die mich Glücks-
tränen weinen ließ. Endlich hatte ich einen Vater, dem bewusst war,
was er mir angetan hatte und dieses zu tiefst bereute.

Ich war froh, dass ich auch dieses Mal von Timm zu der EMDR-Sitzung
chauffiert wurde. So konnte ich auf der Heimfahrt das Erlebte in Ruhe
sacken lassen und verdauen. Nach einem schnellen Mittagessen legte
ich mich aufs Sofa und verschlief den ganzen Nachmittag.

Wandel 23

Es ging mir gut. An einem der folgenden Abende hatte ich die Idee,
meinen Seelenanteilen am ISO mein neues Bild von meinem Vater zu
zeigen. Gerne wollte ich die Kleinen an meinem Glück teilhaben lassen.

Alle Seelenanteile begannen, zu weinen! Sie waren traurig, weil sie diese
schöne Erfahrung mit dem Vater nicht erlebt hatten. Erst allmählich beruhig-
ten sie sich und hießen den neuen Vater am ISO willkommen. In dieser Har-
monie schlief ich ein.

Am nächsten Morgen war ich wirklich erholt. Beim Aufwachen lagen
meine beiden Arme ganz entspannt neben meinem Kopf, wie bei einem
Baby. „Ich scheine zu heilen", dachte ich glücklich.

Eine ganze Woche lang ging es mir am Tag richtig gut. Dann verschlechterte sich mein emotionales Befinden erneut. Irritiert horchte ich nach innen.

Meine inneren Seelenanteile am ISO wollten diese Annäherung zu dem Vater nicht. Sie trauten dem Frieden nicht, wollten sich schützen. Sie hatten das Recht dazu, fand ich und verbannte den Vater vom ISO. Es kehrte wieder Ruhe ein. Doch die Traurigkeit und die Sehnsucht der Seelenanteile nach einem guten Vater blieben.

Fünfte EMDR-Sitzung

Zu Beginn der Sitzung beschrieb ich Frau Salim den Konflikt zwischen den Seelenanteilen und meinem neuen Vater am ISO. Wir starteten die EMDR-Übung mit dieser Situation:

Ich konnte mich nicht bewegen. Mir war speiübel. Dann fühlte ich mich wie ein Hampelmann, der sich nur bewegen konnte, wenn an seinen Fäden gezogen wurde. Ich erkannte die Bindung an meinen Vater und wollte die Stricke durchschneiden. Doch es gelang mir nicht. Ich blieb an ihn gebunden, weil er sagte: „Ich brauche dich."

Da schrie und flehte ich meinen Vater an, das Böse zu vertreiben, weil ich ein Kind sei. Doch er meinte, er brauche mich. Ich stellte ihm meine neue, perfekte Mutter als Partnerin zur Seite. Denn nicht er sollte der Tochter bedürfen, sondern die Tochter brauchte ihn. Ich schickte ihm einen Engel an die Seite. Es verändert sich nichts. Ich schickte ihm einen schwarzen Engel, der ihm seine Männlichkeit abschnitt und diese mitnahm. Doch auch diese Amputation half nichts. Ich fühlte mich immer noch nicht sicher. Denn wer wusste schon, ob bei diesem Neutrum nun der Trieb auch wirklich weg war. Egal, was mein Schutzengel tat, er konnte mich nicht schützen. Als ich mir gar nicht mehr zu helfen wusste, flehte ich Gott an, meinen Papa zu heilen, ihn lieb zu machen. Doch das schaffte selbst er nicht. Auch wenn ich tausend Stunden geschlafen hätte, wäre Papa niemals als ungefährlich zu mir gekommen und hätte mich geweckt. Doch dann stärkte Gott meinen Schutzengel. Dieser umarmte mich mit seinen Flügeln und brachte dann meinen Erzeuger hinter Gitter. Dort blieb er fest weggeschlossen.

Allmählich spürte ich, wie wieder etwas Leben in meine Arme und Beine kam, nachdem während der ganzen Übung alles wie abgestorben gewesen war.

Nach dieser Therapiesitzung war ich zwei Tage unendlich müde und traurig. Dies steigerte sich, so dass ich ordentlich Essbares in mich hineinstopfen musste. Danach wurde mir übel. Mein Magen verkrampfte sich. Ob ich mit Alkohol meine Schmerzen wegsaufen konnte? Diesen Gedanken verwarf ich und stopfte dafür einfach weiter alles Essbare in mich hinein, was ich entdeckte. Eine Nacht mit Übelkeit, Durchfall und Gallenschmerzen folgte. An Schlaf war nicht zu denken.

Wandel 24

Erschöpft und wie betäubt überstand ich den darauffolgenden Tag. In meinem Innersten arbeitete es. Abends nahm ich meine tiefe Traurigkeit mit an meinen inneren, sicheren Ort.

Ich erklärte den dort heilenden, inneren Seelenanteilen, dass ich im Kopf verstanden hatte, dass ich meinen Vater nicht verändern konnte und dass er sicher eingesperrt sei. Ich bat alle Anteile zu einer Konferenz und fragte sie, ob sie einen Vater bei sich haben könnten, der genau das wäre, was mein Herz brauchte, wonach auch sie sich alle sehnten. Da meldete sich die Kreative und sagte: „Wir wollen keinen Vater hier. Wir spielen einfach abwechselnd, so wie wir Lust haben, unseren Traumvater." Die anderen nickten zustimmend. Sie bildeten einen Kreis und nahmen sich gegenseitig in die Arme. Der Beschluss galt. Spontan meldete sich danach der Schlaumeier. Er hatte plötzlich eine braune, viel zu große Hausjacke an. Es war die Jacke, die mein Vater früher gerne getragen hatte. Er setzte sich in einen roten Ohrensessel auf der Terrasse und hatte ein „Pünkelchen"-Buch[18] in der Hand. Er begann vorzulesen. Und alle Kleinen huschten völlig ungeordnet zu ihm und setzten sich auf weichen Kissen auf den Boden. Sie lauschten der Geschichte, die ich aus dem Kindergarten kannte. Das Kleinste krabbelte auf den Schoß des Papa-Schlaumeiers und kuschelte sich in die viel zu große Hausjacke. In dieser harmonischen Vorleserunde schlief ich real ein.

Als ich am nächsten Morgen erwachte, hatte ich spontan die Idee, am ISO auch eine innere Oma zum Leben zu erwecken.

Doch abends am ISO waren sich alle einig, dass sie damit noch warten wollten. Die Kreative hatte die Papa-Rolle übernommen und die Kleinen spielten zusammen mit einem Ball Phantasiespiele. Es war lustig und genial zugleich.

---

[18] Pünkelchen: Buch von Dick Laan; ein Kinderbuch aus meiner Kindheit.

Nach diesem schönen Abend erstaunte es mich, dass ich am darauffolgenden Tag Beklemmungen bekam. Diese verstärkten sich so sehr, dass ich zu ersticken fürchtete. Zusätzlich musste ich essen, essen und nochmals essen. Am ISO Ruhe zu finden, gelang mir nicht. Stattdessen wurde mir schwindelig und ich fürchtete wieder einmal, zu sterben. Ich entschied mich, in meine innere Wellnessoase zu gehen, was mir, nach vorherigem Notfallkoffereinsatz, gelang.

Sechste EMDR-Sitzung

Es war eine sehr anstrengende Zeit für mich. Und ich bewundere noch heute meine Seele, wie sie ganz automatisch die Impulse sendete, die als nächstes bearbeitet werden sollten. Nun war also der Moment gekommen, an dem ich meine Beklemmungen und meine Todesangst bearbeiten wollte. Die Übung bestand aus vielen Filmszenen.

Zu dieser Todesangst zeigt sich Mäuschen, der kleine, verletzte Seelenanteil, der ich war. Ich als Erwachsene konnte den tiefen Schmerz der Kleinen auch fühlen. Ich nahm die Kleine in den Arm. Ich fühlte große Dankbarkeit, dass diese Annäherung möglich war. Dann legte ich Mäuschen am ISO behutsam in sein Babybettchen. Denn Mäuschen war wieder ein Baby. Weißes, weiches Bettzeug umhüllte die Kleine. Über dem Bettchen war ein weißer Himmel mit goldenen Sternchen angebracht. Als ich die Kleine erneut streicheln wollte, erschrak ich zu Tode. Das eben noch atmende kleine Kind wurde zu einer Babypuppe mit eingedrückten Schlafaugen. Die Beine waren nach außen verrenkt. Arme und der Brustkorb schienen gebrochen.

Kein Seelenanteil am ISO wagte, sich dieses grauenvolle Bild anzusehen. Zur Sicherheit bat ich eine gute Fee und eine Krankenschwester zu der verletzten Puppe und verließ den ISO. Denn auch ich konnte dieses Bild nicht ertragen.

Längere Zeit verstrich. Der Film war für diesen Tag zu Ende. Ich wusste den Seelenanteil, Mäuschen als Puppe, so gut wie es nur ging, versorgt.

Zu Hause ging ich weiter unbeirrt regelmäßig an meinen ISO, um nach meinen Seelenanteilen zu sehen.

Nach ein paar Tagen war aus der Puppe ein kleines Kind von etwa 6 Jahren geworden. Es sah kränklich aus und konnte nicht aufstehen. Alle anderen kleinen Seelenanteile waren mit ihren Aufgaben beschäftigt. Sonst war der Garten leer. Das rote Sofa und die abgegrenzten Teile und der Bunker waren verschwunden.

Meine Tage waren unruhig und die nächtlichen Träume beängstigend.

Siebte EMDR-Sitzung

Die erschreckende Begegnung mit dem 6-jährigen Mäuschen bildete die Ausgangssituation der nächsten EMDR-Sitzung. Sie hatte die Emotionsnote 6.

Ich betrachtete meinen ISO anfangs von außen. Das Kinderbett mit Mäuschen war hinter einem weißen Vorhang in der hinteren, linken Ecke des Gartens verborgen. Die anderen kindlichen Seelenanteile saßen schweigsam und bedrückt um ihren runden Esstisch herum.

Gerne wollte ich hinter den Vorhang schauen. Doch es gelang mir nicht. Im abgeschotteten Gartenteil hörte ich schweres Atmen, Flüstern und Geschäftigkeit. Die Fee und die Krankenschwester schienen viel zu tun zu haben. Es machte den Eindruck, als ob es um Leben und Tod ginge. Ich hatte fürchterliche Angst um die Kleine. Dies verstärkte meine Beklemmungen.

Mein Wunsch nach der Kleinen zu sehen, wuchs trotzdem zunehmend. Ich wurde immer unruhiger. Und dann konnte ich plötzlich durch den Vorhang gehen. Ich sah das Kinderbett. Mäuschen lag wie friedlich schlafend da. Doch ihre Blässe der Haut und Lippen zeigten: Die Kleine war tot.

Geschockt überlegte ich, ob ich diese Erkenntnis Frau Salim sagen konnte. Hatte mein Unterbewusstsein nun die ganze Therapie zunichtegemacht? Mein Gesicht musste schreckverzerrt gewesen sein, denn die Therapeutin hakte nach: „Egal, was Sie eben gesehen haben, es ist in Ordnung."

Ich nahm all meinen Mut zusammen und flüsterte: „Die Kleine ist tot. Was habe ich nur falsch gemacht, dass das Kindchen sterben musste?"

„Es ist alles bestens", beruhigte mich Frau Salim mit sanfter Stimme. „Auch, wenn die Kleine verstorben ist, dürfen Sie Mäuschen behalten. Die Not und die Qualen, die die Kleine erlebt hat, sind vorbei. Alles ist gut so, wie es ist. Die Kleine wird immer Teil von Ihnen sein und bleiben. Wo möchten Sie die Kleine in sich bewahren?"

Ich schloss erneut meine Augen, während Frau Salim wieder auf meine Oberschenkel klopfte.

Ich sah wieder das verstorbene kleine Kindchen. Ich fühlte tiefe Trauer, nahm die Kleine behutsam in meine Arme und führte sie zu meinem Herzen. Ich spürte, wie sich meine Herzgegend erwärmte und das kleine Nebelwesen allmählich in mein Herz eintauchte und mit ihm verschmolz. Meine Trauer war vorbei.

Kurz darauf hörte ich die Stimmen meiner anderen Seelenanteile. Sie drängelten sich um mich und wollten auch in mein Herz gehen dürfen. Spontan nahm ich nacheinander die Neugierige, den Schlaumeier, die Mutige und all die anderen Seelenanteile des ISOs in meine Arme und geleitete sie in mein Herz. Es war ein unbeschreiblich schönes Gefühl von Wärme und Vollkommenheit. Tränen des Im-Herzen-berührt-Seins bahnten sich ihren Weg ans Licht.

Schwebend, wie in Trance, verließ ich diese Sitzung und ließ mich schweigend von meinem Schatz nach Hause bringen. Ich konnte nicht formulieren, wie es mir ging. Ich spürte nur eine bleierne Müdigkeit. So verschlief ich den ganzen Nachmittag und ging auch abends früh zu Bett.

Am nächsten Morgen saß ich wie immer an meinem Schreibtisch und notierte meine Morgengedanken. Timm kam nach dem Aufstehen und unterbrach mich kurz mit einer Umarmung und einem Kuss. „Guten Morgen, mein Schatz! Machst du mir bitte eine Tasse Kaffee?", sagte ich und lächelte ihn liebevoll an. Er küsste mich erneut sanft auf die Stirn und strich behutsam über meine Haare. Dann verschwand er in der Küche.

Ein außenstehender Betrachter hätte vermutet, dass es sich bei dieser zärtlichen Begegnung, um ein Morgenritual, eine tägliche Selbstverständlichkeit, eines frisch verliebten Paares gehandelt hätte. Doch in Wirklichkeit war es für dieses Paar, Timm und mich, ein ungeahnter und noch unerkannter Neuanfang nach fast 40 Ehejahren. Erst vor Monaten hatten wir unsere Liebe neu entdeckt. Doch das an diesem Morgen war noch etwas ganz Anderes, Neues.

Das Portal zu meinem neuen Leben hatte sich geöffnet. Eine „Tasse Kaffee bitte" war nur das Startsignal für mein neues, spannendes, buntes, glückliches und freies Leben mit meinem Timm.

Mein neues Leben

Bis heute gibt es immer wieder angenehme Veränderungen in meinem Leben. Meist entdecke ich diese erst rückwirkend, weil das neue Verhalten, so wie das mit dem Wunsch nach dem morgendlichen Kaffee, völlig selbstverständlich, als ob es schon immer so gewesen wäre, in meinem Leben auftaucht.

Unsere Ehe der streitenden Ichs gehört der Vergangenheit an. Die Zeit der Kämpfe um Macht, Recht und Anerkennung sind vorbei. Auf dem Fundament unserer Liebe können wir sowohl dem Ich, als auch dem Wir mehr Raum geben. Wir sind Partner geworden, die in Liebe, Achtsamkeit und Respekt miteinander umgehen.

Ich erfahre Fürsorge von Timm, ohne dass ich sie einfordern muss. Beispielsweise war ich in der Zwischenzeit mehrmals so krank, dass ich das Bett hüten musste. Timm kam dann immer wieder ins Schlafzimmer und schaute nach mir. Wenn ich die Augen zu hatte, zog er sich wortlos zurück. Und wenn meine Augen geöffnet waren, fragte er mich, ob er mir etwas bringen solle oder etwas für mich tun könne. Ich fühle mich dann gut versorgt.

Das Thema mit meinen Schwestern hat sich in der Zwischenzeit längst völlig in Wohlgefallen aufgelöst. Nicht nur, dass es für mich völlig okay ist, wenn Carmen und Susanne zusammen verreisen. Es gab auch schon manches Urlaubsabenteuer gemeinsam als Trio. Wir sind ein Team geworden, das je nach Situation in unterschiedlichen Formationen zusammenspielt. Ich fühle mich gut mit ihnen, auch wenn ich weiterhin einen völlig anderen Kleidungsstil habe.

Das Thema mit den Frauengoldringen um meine Hüften habe ich auf Eis gelegt. Zu schön ist mein genussvolles, aktives neues Leben. Fressattacken gibt es kaum noch. Und wenn es einen seelischen Grund für meine Pölsterchen gibt, dann wird mir meine Seele zu gegebener Zeit Bescheid geben. Dann werde ich mich darum kümmern.

Urlaube, Autofahrten als Beifahrer, Theater-, Kino- und Kabarettbesuche machen mir heute Freude. Sogar die ehelichen Pflichten wandelten sich für mich in ein Liebesspiel, in dem heute manches normal ist, was ich früher ablehnte. Und Einkaufszettel und Tagesplanung werden am Schreibtisch gemacht! Ich bin glücklich und dankbar für mein neues Leben. Nur manchmal schleicht sich auch etwas Trauer ein, wenn ich an all die versäumten Gelegenheiten der vergangenen Jahre denke.

Auch der Umgang mit meinen Gefühlen hat sich verändert. Ich nehme diese wahr, handle oder bespreche, was besprochen werden muss, mit Timm.

Eines Morgens fühlte ich mich unwirsch. Es war ein Wort aus Kindertagen, lange verborgen. Ich fand das Wort komisch, aber passend, weil ich mich genauso fühlte. Es war, als ob ich schon bei einem falschen Atemzug meines Mannes hätte explodieren können. Früher wäre es ein Tag im Streit geworden. Doch nun beschrieb ich Timm mein aktuelles Gefühl, für das ich keine Ursache kannte. Ich wusste nur, ich bin unwirsch! Und obwohl ich wirklich extrem unwirsch war, lachten wir beiden an diesem Tag besonders viel. „Unwirsch!", kommentierten wir beide immer wieder meine miesen Äußerungen und der Druck war raus. Mit solchen Folgen der Achtsamkeitsübung, der Offenheit und meiner Souveränität hätte ich nicht gerechnet. Gleichzeitig war es auch ein Zeichen dafür, dass durch die Liebe und meine verheilten Wunden, auch Verletzungen meines Mannes allmählich zu heilen schienen. Denn sonst hätte er sich bei manch unwirschem Spruch von mir angegriffen und verletzt gefühlt.

In der Zwischenzeit weiß ich, dass auch Timm in unserer Ehe unendlich gelitten hat. Sein „Aussitzen" wie ich es genannt hatte, war keine Gleichgültigkeit, sondern der Hinweis auf seine Hilflosigkeit und die Angst, mich zu verlieren.

Natürlich besteht mein heutiges Leben nicht nur aus Lachen, Spaß und Leichtigkeit. Denn Hochs und Tiefs gibt es natürlich immer noch in meinem Leben. Für mich ist diese Gefühlsvielfalt gut. Sie ermöglicht mir die Wertschätzung meines neuen Lebensglücks.

Gefühle wollen zugelassen, gewürdigt und als Informationsquellen beachtet werden. Sie sind wie der schwarze Hüpfball aus meinem ISO. Denn nicht nur Angst, sondern alle Gefühle kommen und gehen. Sie machen mich auf etwas aufmerksam und ich entdecke, welche Botschaft sie für mich haben. So schicke ich auch heute noch Verletzungen eines Seelenanteils spontan an meinen ISO. Dort dürfte sie heilen, auch wenn ich selbst meinen ISO nicht mehr so oft besuche. Nach einiger Zeit der Heilung integriert sich der geheilte Seelenanteil dann unbemerkt. Neue Fähigkeiten zeigen sich.

Mein treuer Therapiebegleiter, mein rosa Teddy, ist im verdienten Ruhestand und wird dies sicher auch bleiben können.

Ich bin im Hier und Jetzt angekommen, genieße den Augenblick und entdecke die Welt mit neugierigen Augen. Meine Abenteuerreise Leben geht zuversichtlich weiter.

Das Tagebuchschreiben wurde Christine Striebel zum Rettungsanker, nachdem im Alter von 41 Jahren die Erinnerungen an die sexuelle Gewalt ihrer Kindheit zurückkehrten. Es folgte eine schwere Zeit, in der sie sich dem Tod oft näher fühlte als dem Leben. Nachdem sie mithilfe von Therapien zurück ins Leben gefunden hatte, wollte sie der Welt zeigen, dass man ein solches Trauma überwinden kann. Ihr Überlebenstagebuch arbeitete sie um – zu ihrem ersten Selbsthilfebuch „Nicht allein. Überstützung von Betroffenen sexueller Gewalt", das sie 2004 veröffentlichte. Es folgten die Bücher „Schritt für Schritt ins Leben" und „Die Heilung meines Traumas".

Die 1952 in Stuttgart geborene Autorin arbeitete als Grund- und Hauptschullehrerin bis sie 1996 wegen einer Posttraumatischen Belastungsstörung in den Vorruhestand trat. Seitdem widmet sie sich dem Schreiben und der psychologischen Beratung. Sie ist verheiratet und Mutter zweier erwachsener Kinder.

Weitere Informationen: www.chancezuleben.de

Zeitfracht Medien GmbH
Ferdinand-Jühlke-Straße 7
99095 Erfurt, Deutschland
produktsicherheit@kolibri360.de